NOUMENON

WWW.DANIEL-HERBST.DE

WWW.RADICALNOW.DE

RESONANZFELD

Der direkte Zugang zu Dir selbst

LEBEN

Nicole Paskow ☆ Daniel Herbst

Neuland

In Resonanz mit dem Leben

Daniel Herbst

Nicole Paskow

Neuland

NOUMENON-VERLAG

Daniel Herbst, Hamburg

www.noumenon-verlag.de

www.daniel-herbst.de

www.radicalnow.de

Umschlaggestaltung:

Lovebird

Druck und Bindung:

Finidr, Tschechien

Erstausgabe

© 2018 NOUMENON-VERLAG

ISBN 978-3-941973-29-9

Inhaltsverzeichnis

Ich bin meine Zukunft. Ich komme aus der Vergangenheit, ja, aber die Kraft, die Aufmerksamkeit und Zuversicht gehören zur Gegenwart, die sich in mir vollzieht.

Meine Zukunft wird von der Gegenwart bestimmt!

Ich bin nicht in Passivität gefangen. In Mustern.

Nein, ich laufe aus mir selbst heraus – und komme zu mir.

In jedem Augenblick, immer wieder.

Gerade jetzt …

NEULAND

Nicht betretenes Land. Neuland. Land, das existiert, bisher aber nicht entdeckt worden ist. So wie in Dir. Das, was Du sein kannst, weißt Du nicht. Du kannst es ahnen, vermuten, Du kannst von Dir träumen, vom wahren Ich, von Dir in erlöster Form, aber wissen wirst Du es erst, wenn Du bereit bist, aufzubrechen. Gibt es dieses Neuland in Dir, das Unentdeckte? Und steht es Dir frei, auf Dir unbekannte Weise in Dich einzutreten?

Wenn Du genau schaust, wirst Du erstaunt feststellen, dass Du von Neuland umgeben bist. Alles, was Du zu sein glaubst, ist von Neuland umgeben. Da ist eine winzig kleine Insel, die Du als „ich" bewohnst, die Dir bekannte Welt, in der Du auf die Dir bekannte Weise agierst, reagierst und funktionierst. Du erlebst, was Du über Dich und die Welt denkst. Du erlebst, was Du glaubst, was Du Dir wünschst und wovor Du Dich fürchtest. Mehr kennst Du nicht. Mehr hast Du bisher von diesem Leben nicht in Erfahrung gebracht.

Und jetzt entdeckst Du, dass Du von Neuland umgeben bist. Alles um Dich herum ist Neuland. Wenn die Gewaltigkeit dieser Einsicht in Dich einbrechen darf, bist Du schon in Richtung Neuland unterwegs. Damit steht Deiner Wahrnehmung niemand mehr vor, der seine einzige Aufgabe darin sieht, das Wahrgenommene systemgerecht aufzubereiten. Damit alles beim Alten bleibt. Damit Du weiterhin weißt, wer Du bist. Damit Du Dich weiterhin so fühlen kannst, wie Du es tust. Damit sich diese Kontinuität weitererleben kann – als Dein Leben.

Plötzlich ist ganz offensichtlich, dass Du Dich nicht mehr auf alte Weise gegen neue Erfahrungswelten abgrenzen willst. Dadurch werden Deine Muster überhaupt erst sichtbar. Du lernst zu erkennen, wie Du Dich und die Welt auf allen Ebenen abgewehrt hast, um Dein Identitätsgefühl zu stärken. Und das macht plötzlich einfach keinen Sinn mehr. Der Sinn, den die alte Welt repräsentiert hat, geht verloren. Der Sinn für alles nicht Echte geht verloren. Von selbst.

Das macht eine andere Wirklichkeit überhaupt erst möglich. Denn das ist es, was unser Leben ist: Eine Erfahrungswirklichkeit. Ein Eintauchen in eine zutiefst intime Welt, die ganz sie selbst ist. Diese Welt ist eine Welt, die sich beim Eintreten entfaltet. Und an dieser Welt ist nichts fremd. In ihr kann nichts fremd sein, aber es kann neu sein, vollkommen neu, ungeahnt, nicht erlebt, höchst erstaunlich, zutiefst ergreifend, vital, beglückend – und vollkommen still.

Du bist der Pionier Deines Lebens. Und dieser Pionier braucht Beweise. Es geht ihm um ihn selbst. Es genügt ihm nicht, Dinge zu glauben, Konzepte zu übernehmen oder anderen nachzubeten. Es geht ihm nicht darum, etwas zu hoffen oder hilflos zu wünschen. Nein, Du als Dein eigener Pionier willst Dein Leben wirklich in Erfahrung bringen. Aus diesem Grund lebst Du überhaupt nur. Das wird Dir jetzt klar. Es geht um Dich. Es ist Dein Leben. Du bist die Unmittelbarkeit, die sich selbst erlebt. Das ist es, was Du bist. Du bist dieser Pionier und der Pionier entdeckt nichts anderes als sich selbst. Das ist die Einsicht, die zum Weckruf wird, wenn Du Dir nicht mehr angstvoll auszuweichen versuchst.

Der Weg des geringsten Widerstandes ist ein trostlos grauer Weg. Es ist der Weg des Überlebens, des Zurechtkommens. Aber auf diese Weise kann nichts geboren werden, was über

Dich hinausführt. Dabei gehst Du schon jetzt in diesem Augenblick über Dich hinaus, potenziell, weil das, was Du für Dich hältst, das Dir bekannte Ich, von Dir als Neuland umgeben ist. Du bist um so vieles mehr, als Du weißt.

Um das, was Du nicht kennst in Erfahrung zu bringen, bedarf es einer Entscheidung. Dieser Entscheidung geht ein Geständnis voraus, ein Eingeständnis: Ich habe es auf diesem Weg nicht geschafft, zu mir zu kommen. Ich habe mich nicht erfüllt. Ich fühle mich mir selbst und der Welt gegenüber oft hilflos. Jetzt bin ich wirklich bereit mir anzuschauen, wie es immer wieder dazu kommt.

Nur, und das ist neu: Jetzt zieht eben kein Gerichtshof ein, jetzt werden keine Anschuldigungen erhoben, keine Verteidigungslinien gezogen und keine Handlungsstrategien ausgearbeitet – das alles ist das Alte. Nein, jetzt wird einfach hingeschaut. Du willigst ein, Dich ein erstes Mal zuzulassen. Du vertraust darauf, dass Du Dich neu sehen lernen kannst und gibst Dir die Erlaubnis, Dich nicht mehr zu beschönigen. Nichts vor Dir. Du entdeckst, dass Du Dir selbst gegenüber fremd geworden bist, dass Du Dich nicht mehr verstehst, dass Du nicht in Deiner, sondern in einer Dir letztes Endes fremden Sprache sprichst. In einer Sprache, die Dich immer wieder von Dir trennt. In einer Sprache, die Dich taxiert, statt Dich zu Deinen höchsten Ideen anzuheben.

Die höchste Idee, die durch eine Blume in den Ausdruck findet, besteht darin, aufzugehen, zu erblühen und sich als Duft zu verströmen. Und diese höchste Idee ist in Dich eingepflanzt. Von Anfang an. Sie will zu Deinem Leben werden. Zu einem wirklichen Leben, das sich nicht mehr darstellen muss. Zu einem unspektakulären Leben, das sich selbst erlebt. Tritt ein. Betrete Neuland. Komme zu Dir.

DEN TRAUM VOLLSTÄNDIG BEWOHNEN

Ich hatte das Gefühl – ja es war eher ein Gefühl –, dass unser Menschsein, wie zum Beispiel das Blume sein oder Tier sein etwas ist, das uns eingehaucht ist, eingegeben, dass es aber letztlich ebenso ein Traum ist, wie alles andere auch. Ich kann mir zwar darüber bewusst werden, aber ich bin selbst ebenso ein Traum, wie eine Lilie einer ist.

Tatsächlich aber – und das wird mir jetzt klar – wird die Lilie im Bewusstsein empfangen – wie ich auch. Denn nur dort kann sie sich zeigen. Nur dort taucht sie auf. Vor sich selbst bleibt die Lilie für immer unentdeckt. Vor sich selbst gibt es sie schlicht nicht.

Das ist es, was den Menschen von anderen Daseinsformen unterscheidet: Er erscheint wie alles andere auch im Bewusstsein und kann dieses Erschienensein verwirklichen. Als sich selbst. Das ist die Qualität von Bewusstsein – zu verwirklichen. Ja, dieser Traum ist der Traum, der sich als mein Leben träumt. Die Verwirklichung dieser Tatsache verändert den Traum. Denn erst in diesem Augenblick erkenne ich wirklich, dass ich mir selbst erscheine.

Ich bin mir selbst erschienen. Und diese Verwirklichung kann meinem Leben eine Bedeutung schenken, die über alles hinausgeht, was ich mir wünschen, vorstellen und erhoffen kann. Und erst in diesem Augenblick kann der Traum zu meiner Realität werden – zu meiner bewussten Lebenswirklichkeit. Damit wird aus einem unbewussten Traum ein Traum, der sich als das lebendige Leben selbst annimmt – als mein Leben!

Ich kann lernen, diesen Traum vollständig zu bewohnen, dann drücke ich mich vollständig darin aus, wie die Lilie es ohnehin tut, und dennoch bleibe ich traumhaft. Wobei sich der Traum in gleichem Maße erweitert bzw. entwickelt, wie ich mich darin ausdrücke. Seine Vielfalt und Ausdruckskraft ist nicht begrenzt. Nur führt darüber nichts hinaus. Außer vielleicht ein weiterer Traum.

In dem Augenblick, in dem Du den Traum vollständig bewohnst, hört er auf, Traum zu sein! Dadurch wird Dein Leben zu Intimität. Traum und Wirklichkeit existieren dann nicht mehr getrennt voreinander. Dann ist alles Traum. Oder alles Wirklichkeit. Und genau in diesem Augenblick wirst Du feststellen, dass Du nicht auf eine bestimmte Weise geträumt wirst, sondern Dich selbst ausdrückst. Diese Einsicht lässt Dich überhaupt erst zu Dir selbst und in die Existenz finden. Davor existierst Du „nur", bist Spielball, fühlst Dich von Dir fremden Energien bewegt, findest Dich immer wieder in Situationen vor, mit denen Du nicht umzugehen weißt. Du bleibst Dir selbst gegenüber letzten Endes fremd. Und plötzlich verwirklichst Du, dass Du diese Strukturen durchschauen kannst, die immer wieder zu der Dir bekannten Form des Erlebens geführt haben. Und plötzlich verwirklichst Du, dass Du Dich immer wieder nicht gesehen hast. Dann wird absolut offensichtlich, dass Du Dir selbst erscheinst, weil Du eine unglaublich große Bedeutung hast. Verwirkliche sie!

In Resonanz mit Dir –
und damit frei von Schuld

Dir ist beigebracht worden, Dich anders zu geben als Du Dich fühlst. Obwohl Dir unendlich viele Lügen und Verstellungen vorgelebt worden sind, solltest Du nicht lügen. Dabei hast Du so gut wie nichts anderes gelernt, als Dir und anderen etwas vorzumachen.

Beherrsche Dich! – Das ist bereits die Lüge. Sich selbst zu beherrschen, ist zur gesellschaftlichen Notwendigkeit geworden. Denn wenn Du wirklich fühlen würdest, was Du tust, wenn Du fühlen würdest, wie Du Dich fühlst, wenn Du etwas tust, dann würden sich Deine Handlungen, dann würdest Du Dich selbst verändern. Weil sich Deine Handlungen dann direkt auf Dich auswirken dürften. So fühlt es sich an, das zu tun. Du wärest ganz unmittelbar mit Dir selbst verbunden und kämest nicht mehr auf die Idee, eine Instanz zu kultivieren, die Dich kontrolliert.

Kontrolliert werden musst Du überhaupt nur, wenn Du tust, was Du nicht willst, wenn Du ausdrückst, was so nicht aus Dir herauswill, also dann, wenn Du Dich anders gibst, als es Dir entspricht. Kontrollieren musst Du Dich nur, wenn Du nicht in Resonanz mit Dir bist. Und wenn Du nicht in Resonanz mit Dir bist, nimmt Dich die Lüge gefangen. Dann lebst Du in einer Lüge. Nicht in einer moralischen Lüge, sondern in einer und als Lebenslüge. Dann betrügst Du Dich um Dein Leben und versuchst angestrengt, diese Lüge vital und bunt aussehen zu lassen. „Mir geht es gut!"

Es ist so einfach auszudrücken, wie es mir nicht geht. Immer wieder rede ich mir ein, dass ich Probleme mit mir habe. Weil ich so bin, wie ich bin. Weil ich Schwierigkeiten mache. Und es kann zunächst wie eine kaum lösbare Herausforderung erscheinen, mich wirklich zuzulassen. Mich als unmittelbares Empfinden. Weil die gedanklich konstruierte Welt anderen Gesetzmäßigkeiten folgt und sich so nicht aufrechterhalten lässt.

Resonanz verändert alles. Durch Resonanz vernimmt sich das Leben selbst – direkt, nicht gespalten, nicht raffiniert, nicht kultiviert, sondern so, wie sich das Leben selbst berührt. In Resonanz. Resonanz ist Selbstberührung. Das Leben empfindet sich selbst: Als Freude, als Schmerz, als Traurigkeit, als Aufregung, als Abenteuer.

Leben ist Schwingung, die auf sich selbst trifft. Es verwirklicht sich schwingend, als Gefühl, als Empfinden, als Gedanke, in diesem Körper, als Du. So fühlt es sich an, dieses Leben, hier an diesem Ort, gerade jetzt. Genau so. Davon setzt sich das Leben selbst in Kenntnis. Selbstwahrnehmung ist ein absolut intimer Prozess, er ist näher als nah, ganz direkt und unmittelbar. Sie ist vollkommen nackt und ungeschützt. Du empfindest, wie sich dieses Leben in Deinem Körper fühlt. Diese Empfindungen wollen unmittelbar erlebt und durchgelassen werden.

Unser Abgestorbensein für uns selbst, für die unmittelbare Empfindsamkeit, die das Leben für sich selbst hat, für seine Sensibilität, hat ausschließlich damit zu tun, dass wir so gut wie alles, was sich in uns fühlen, vergegenwärtigen und ausdrücken möchte, zensieren, anders darstellen oder umdeuten. Das macht uns der Unmittelbarkeit des Selbstempfindens gegenüber unempfänglich. Es macht uns blind und taub. Wir finden keinen Zugang mehr zu uns selbst und glauben an Experten, die uns erklären sollen, was mit uns los ist. Das macht uns uns selbst und unseren Gefühlen gegenüber noch hilfloser und fremder. Denn kein Experte fühlt, was Du fühlst. Und es ist nicht Deine Aufgabe, Gefühle zu kultivieren, die gesellschaftsfähig sind. Deine Aufgabe besteht nicht darin, zu einem wertvollen Mitglied einer Gesellschaft zu werden, die sich kollektiv weigert, sich selbst unmittelbar wahrzunehmen und auf diese Weise immer neue Schmerzen hervorruft!

Du hast keine Defekte und bist nicht defekt. Vielmehr bist Du (immer noch) lebendig. Und dieses Leben täuscht Dich nicht. Es kann nicht lügen. Es kann Schmerz nicht als Freude darstellen. Das kannst nur Du, als Dich selbst kontrollierende Person. Du kannst lächeln, wenn es Dir schlecht geht, Du kannst Dich anders präsentieren, als Du Dich fühlst, Du kannst den Eindruck vermitteln, Dich unter allen Umständen im Griff zu haben. Kurz: Du kannst der Außenwelt demonstrieren, dass Du einwandfrei funktionierst. Dass man auf Dich zählen kann.

Diese Art der Selbstdarstellung führt Dich in eine Welt, in der Du Dich getrennt von Dir erlebst. Das Gefühl der Trennung dominiert Dein Erleben — seit Du denken kannst. Und doch hast Du es letzten Endes immer nur mit Dir selbst zu tun. Irgendwann durchschaust Du, wie Du Dich immer nur wieder selbst belügst, um das Scheinbare in Dir aufrecht zu erhalten, um so bleiben zu können, wie Du *nicht* bist! Du erkennst, wohin Dich die Lügen geführt haben und dass sie sich immer noch auf Dich auswirken. Das kannst Du ganz direkt fühlen! Und dann verstehst Du und siehst wirklich ein, dass alle Lügen zu Dir zurückkommen müssen, damit sich die Lebenslüge auflösen kann.

Damit fällst Du aus der Darstellung und trittst in Dich ein, in dieses ganz unmittelbare Universum, dass sich selbst erkunden und bis in die Haarspitzen wahrnehmen will ... Jetzt hast Du es wirklich mit Dir zu tun. Jetzt bist Du in Resonanz mit Dir selbst und damit frei von Schuld. Unabhängig davon, wie die Anklage lautet!

Frei von Schuld bist Du allerdings erst, wenn Du niemanden mehr beschuldigst. Weil es für Dich *wirklich* keine Schuld mehr gibt. Du hast tief in Dich hineingeschaut und in der Tiefe eine Unschuld entdeckt, die nichts anderes will, als sich ausprobieren. Dieser Unschuld steht jetzt niemand mehr im Weg.

Das, was von selbst aus Dir heraus will, darf sich zeigen, weil Du letzten Endes nichts anderes bist, als die Verwirklichung dieses Lebenswillens, der sich nur individuell in Erfahrung bringen und formulieren kann.

Das Leben beantwortet sich durch Dich selbst, wenn es darf. Immerzu.

In Resonanz mit Dir selbst bist Du frei von Schuld – unabhängig davon, ob Dich andere schuldig sprechen. Niemand kann Dich schuldig machen, niemand außer Dir. Du sprichst das Urteil über Dich – und hältst das für normal.

Wo es normal ist, sich selbst und die Welt anzuklagen, fehlt die Verbindung, da bist Du abgeschnitten. Wo die Selbstanklage der Einsicht weicht, dass ich in diesem Leben und als dieses Leben zu mir komme, fehlt auch derjenige, der andere schuldig sprechen will.

Langsam löst sich die Idee der Schuld auf. Jetzt spürst Du immer öfter, dass sich in Dir echte Impulse vollziehen. Du erlaubst dem Leben, sich in Dir zu formulieren und machst Dir immer weniger vor. Du spürst, dass Du Dich dem Leben überlassen willst, weil es besser weiß, wer Du bist, als Du es je wissen könntest. Das Leben weiß Dich nicht – es weiß nicht, wer Du bist – es drückt Dich aus. Es ist, wer Du bist. Die Idee, dass Du Dein Leben unter Kontrolle haben solltest, taucht nicht mehr auf. Stattdessen erlebst Du eine unendliche Zugewandtheit, ein Dasein, das aus sich selbst heraus blüht.

Das Dasein ist eine nicht enden wollende Selbstentdeckung, die zu Dir führt. Du bist da! Gestatte Dir, dieses Dasein zutiefst zu empfinden bis es vollkommen mit sich übereinstimmt. In der Freude wie im Schmerz. Hier verwirklicht sich das Leben direkt. Hier veröffentlicht es sich, als unmittelbares Empfinden, als Resonanz.

VERLORENES SEHNEN

Ich wate durch den Schlamm meiner inwendigen Moore. In ihrer Tiefe, der erstickte Wunsch nach Verschmelzung mit einem Du. Mit einem Du, das mich kurz und explosiv zu einem Ich formt, um mich aufzulösen im grellen Sternenregen einer Supernova, die von sich lässt, in einem letzten verschwenderischen Rausch.

Ohne dieses Du ... schweben Puzzleteilchen in einem ausgedachten Raum ... sie schweben lautlos, haltlos, ohne Anziehung. Ein Wind, der mich nicht als Baum erfährt und durch mich durchgeht, als wäre ich ein fensterloses Fenster. 500 Stundenkilometer jagen durch leeren Raum. Lautlos, ohne Widerhall. Ein hitziger Wind, der mich wie Sandkörnchen verweht und durch die flirrende Luft wirbelt.

Die Sehnsucht nach Verschmelzung. Die Sehnsucht nach dem Verschwinden der Welt. Die Sehnsucht nach tiefer, dunkler Stille. Die Sehnsucht nach Ausatmen. Und im Vakuum des Schweigens vor dem nächsten Atemzug verharren. Dort hinein sinken und schlicht vergessen, was sich das Sehnen nach einem Du erfunden hat, um sich im Spiegel zu bewundern.

Setze Dich absolut

Du bist im Leben nicht einfach nur dabei. Du bist Dein Leben. Auch wenn Du das nicht glaubst! Solange Du glaubst, entscheidet Dein Glaube über Dich, solange ist er Dein Schicksal.

Das geglaubte Schicksal entmächtigt Dich immer wieder. Du relativierst Dich und unterstellst Dich in all Deiner *geglaubten* Kleinheit und Schwäche einer Kraft, über die Du nur weißt, wie sie sich aus der Position von Schwäche und Kleinheit darstellt. Damit verschenkst Du die Kraft, von der Du bisher nicht entdeckt hast, dass sie zu Dir gehört und machst es Dir in Deiner Kleinheit bequem, statt mit Kraft und Zuversicht zu Dir selbst aufzubrechen.

Überlasse das, was Dich betrifft, niemandem außer Dir. Und was Dich betrifft, wirst Du erst wissen, wenn Du Dich nicht mehr relativierst und ohne jeden Zweifel erkennst, dass es sich in diesem Leben um Dich dreht. Du lebst! Relativiere das nicht länger. Erspüre es und halte Dich nicht mehr zurück. Setze Dich absolut. Es geht um Dich. Du kannst in diesem Leben zu Dir kommen und Dich als deckungsgleich mit Dir selbst verwirklichen. Du kannst es, wenn Du wirklich einsiehst, dass Du es kannst.

Dir ist beigebracht worden, dass Du nicht würdig bist, von Menschen, die sich selbst nicht für würdig hielten. Von Menschen, die etwas anderes gelebt haben, als sie leben wollten. Von Menschen, die sich selbst so wenig vertraut haben, dass sie Dir nicht vertrauen konnten. Von Menschen, die Dich in all Deiner Schönheit nicht erkennen und willkommen heißen konnten, weil sie sich selbst nicht erkannt und willkommen gefühlt haben. Das ist der Schmerz in Dir, der sich auflösen will.

Bist Du bereit, allen Schmerz zurück zu Dir zu holen? Es ist Dein Schmerz! Zugleich bist Du das Bad, in dem sich dieser Schmerz erlösen und vollkommen auflösen will. Wenn Du Dich zu Dir bekennst. Darum bekenne Dich. Entscheide Dich. Erkenne Dich! Vertraue Dich dieser Entdeckung an. Das macht Dich unermesslich schön!

Du bist reine Schönheit, die auf einzigartige Weise in Erfüllung gehen will. In diesem Leben. Als dieses Leben. Es gibt nichts Heiligeres als dieses Leben!

EINFACHES SEIN

Das Mysterium des Lebens ist nichts Abgehobenes. Es ist unermesslich schön und unfassbar groß, und doch im Augenblick erlebbar. Es macht Dich eventuell sprachlos, aber nicht mundtot. Du kannst es erleben, als fühlendes, denkendes Wesen, das Du bist, ohne vorher etwas im spirituellen Sinn erreicht zu haben.

Alles, was Du dazu brauchst, bist Du selbst, so unverfälscht wie möglich, und einen wachen, forschenden Geist, dem es nicht um Erklärungen geht, sondern viel eher um das Erkennen von Zusammenhängen.

Wir leben in einer Plastikwelt aus Plastikgedanken, mit Plastikessen und Plastikritualen. Wir gehen auf Rummelplätze, wir gehen ständig Essen, wir gehen ins Kino, sehen fern, betäuben uns, lenken uns ab, überschminken uns, stellen uns dar, machen Feuerwerk, Champagnerpartys, Bungeejumping, Grillfeste, Weihnachtsfeiern usw. Wir machen *irgendwas,* und sind dabei so trostlos und langweilig.

Wir machen nichts Neues. Wir machen nichts Neues, weil wir nichts Neues denken und fühlen. Wir können nichts Neues denken und fühlen, solange wir *dem* Glauben schenken, was sich ständig auf die immer gleiche Weise in uns abspult.

Solange wir nicht so wach sind, um in den Bäumen, den Blättern, den Pfützen auf der Straße, dem bellenden Hund, der am Laternenmast sein Bein hebt, die tiefe Schönheit der Existenz zu erkennen, so lange werden wir weiter fern sehen, Karussell fahren, Essen gehen, uns betäuben und nach dem billigen Vergnügen Ausschau halten.

Neben einem anderen Menschen gehen. Einfach zusammen gehen. Vielleicht durch einen Park. Das weiche Licht auf den Bäumen bemerken, die spielenden Blätter im Herbstwind. Sich davon bewegen, berühren lassen. Atmen. Menschen eilen vorbei, jeder in seiner Welt, ein Lächeln auffangen, einen Blick … zusammen reden, die Schritte spüren, die Nähe des anderen. Das gemeinsame Gehen und Sprechen genießen. Nichts sonst. Kein Gedanke an: *Und dann? Was machen wir dann? Gehen wir was Essen? Oder wo anders hin? Ins Kino vielleicht? Was könnte uns Spaß machen?*

Hier sein im Gehen, im Reden, im Sehen, im Riechen und Spüren. Voll da. Wach und anwesend mit allen Sinnen. Von hier aus leben … Das ist so einfach und so schwer. Von hier aus leben … alles wird kostbar, von *hier* aus. Wenn kein Gedanke mehr durchdringt, der eine Situation erschaffen will, der eine Situation vorausdenken will. *Was machen wir danach?*

Das wird sich zeigen!

Aber erst dann, wenn Du es sich zeigen lässt, ohne es vorwegnehmen zu wollen. Hast Du den Mut, auf den Impuls zu warten? Oder musst Du schnell etwas denken, um keine *angstvolle* Lücke entstehen zu lassen?

Hast Du die Geduld mit Dir selbst, auf Dich zu hören? Dir die Zeit zu nehmen, bis sich etwas in Dir regt das nicht ausgedacht ist, das nicht auf Gedanken reagiert, sondern unmittelbar auf die Situation?

Wenn das so ist, dann wird sich Dir die Welt ganz neu erschließen. Deine Welt. Du erschließt Dich Dir selbst, wenn Du auf Deine Impulse wartest. Wenn Du darauf vertraust, dass es sie gibt und Du nichts machen musst, um etwas in Deinem Leben voran zu bringen.

Dann genießt Du ein einfaches, schönes Essen, eine Kerze daneben, den Menschen gegenüber, die hereinbrechende Dunkelheit. Du spürst Dich und das Leben bis in die Haarspitzen. Alle Zellen in Dir sind wach und aufmerksam. Du atmest Dich ein und aus und sinkst hinein in den Moment, der Dich überhaupt nicht braucht, um Dich zu leben.

MEIN LAND IST IMMER WIEDER NIEMANDSLAND ...

Deine Sehnsucht ruft Dich unentwegt. Immer wieder. Immer lauter. Sie ist das unbekannte Land, das auf Dich wartet. Deine tiefste Sehnsucht wartet darauf, dass Du in sie hinein expandierst. Und als ein anderer zu Dir kommst. Als Du, so wie Du bist, wenn Du Dich nicht mehr beherrschst, wenn Du Dich nicht mehr bedenkst, sondern als Unmittelbarkeit erfährst. Als Du, so wie Du Dich nicht für möglich hältst. Als Lebensstrom, der sich durch Dich in Erfahrung bringt.

Die einzige Frage ist: Was hindert Dich daran, dieses Leben *einfach* zu (er)leben? – Du kennst die Antwort: Nichts als Angst. Solange Du der Angst vertraust und glaubst, dass sie Dich vor dem Leben beschützen kann, wirst Du Dich klein und unbedeutend fühlen, einfach weil Du es nicht wagst, den Impuls hinter der Angst ernst zu nehmen. Und das lässt Dich ein kleines und unbedeutendes Leben führen, das Angst davor hat, zu seiner wahren Größe aufzubrechen.

Das ist es, was Angst tut: Sie will uns vor den wahren Impulsen des Lebens abschirmen, beschützen, weil sie sicher zu wissen glaubt, dass wir dem Leben, so wie es ist, nicht standhalten können. Dass wir es nicht überleben, wirklich am Leben zu sein. Die Angst lässt Dich also immer wieder fühlen, dass Du Dich dem Leben nicht direkt aussetzen darfst. Weil Du es nicht aushalten würdest. Und damit hat die Angst absolut recht! Die Version von Dir, die angstgeneriert ist, wird es nicht überleben, wenn Du Dich auf Deine tiefsten Sehnsüchte und damit auf die wahren Lebensimpulse einlässt. Deshalb will sie Dich vor allem bewahren, was über Dich hinausführt. Sie will, dass Du weißt, wer Du bist. Und Du weißt, wie sich das anfühlt. Eng! Leer! Unlebendig! Ganz klar an Dir vorbei! – Aus diesem Grund suchst Du nach Befreiung!

Befreiung bedeutet letzten Endes nichts anderes als das Ende der Angst. – Wenn Du erkennst, dass Angst die alles beherrschende Macht in Deinem Leben ist, wird sie sich nicht mehr lange halten können. Dann droht ein Umsturz. Du erkennst, dass Angst eine Diktatur ist, dass Angst Dein Diktator ist. In dem Augenblick, in dem Du das zum ersten Mal *zweifelsfrei* erkennst, hat der Diktator sein Volk bereits verloren. Obwohl die Angst weiterhin alles versuchen wird, Dich zu dominieren. Aber mit Dir ist etwas passiert. Du fühlst Dich einfach immer seltener gezwungen zu glauben, was die Angst Dir präsentiert. Du erkennst, dass Du als Gefolge der Angst gelebt hast. Und Dir wird klar, dass Du nicht weißt, wer Du ohne die Dich besetzende und konstituierende Angst überhaupt bist! Damit forderst Du die Angst heraus. Sie wird alle Kräfte aufbieten, um Dich „zur Vernunft" zu bringen. Um Dir klar zu machen, wer Du bist! Für sie ist die Sache klar: Du bist ihr Untertan. Sie erwartet von Dir, dass Du sie anbetest. Dafür gewährt sie Dir ihr „Verständnis" und ihren Schutz.

Angst schreibt immer ein statisches Universum fort, und damit ein Universum, das es nicht gibt! Nie sieht sie neue Möglichkeiten und Wege. Denn das „Neue" an neuen Möglichkeiten und Wegen ist, dass sie nicht mit Angst gepflastert sind. Das macht aus einer Möglichkeit überhaupt erst eine Möglichkeit und aus einem Weg einen Weg. Möglichkeiten und Wege bedeuten Wandlung. Und Wandlung bedeutet Leben.

Das Lebendige, das Unbekannte führt zu Dir. Zu Dir, so wie Du Dich *nicht* kennst! Es will als Du zu sich kommen! Doch die Angst gibt Dir viele gute Gründe an die Hand, warum Du Dich weiterhin klein fühlen und dabei übersehen solltest. Und alle diese Begründungen hast Du verinnerlicht und damit zu Dir gemacht. „So bin ich nun einmal". Die von Dir geglaubte Angst ist es, die Dir Deine Grenzen setzt. Dabei bist Du das einzige Wunder, dem Du in diesem Leben begegnen kannst. Dieses Wunder schaut durch Deine Augen und will sich überall entdecken.

DIE GEBURT DER UNENDLICHKEIT

Wer bestimmt über meine Möglichkeiten? Ein Schmetterling hat die Möglichkeiten eines Schmetterlings. Sinnlos fliegt er der Sonne entgegen und verbrennt genauso sinnlos im Kerzenlicht. Sinnlos für mein menschliches Empfinden. Er liebt den Duft der Blumen und verliert sich an Himmel und Erde. Ein bunter Tupfer im kosmischen Traum. Untrennbar verwoben mit dem Raum seiner Erscheinung.

Und ich? Ich erkenne mich. Oh Wunder, oh Hölle. Ich bin ein Schmetterling, der vor Schreck vergessen hat, wie Fliegen geht, weil er sich selbst im Spiegel erblickt. Ein Schmetterling mit zerrissenen Flügeln, der unermüdlich abhebt, um doch immer wieder den Magnetismus der Erde zu spüren. Den kalten Luftzug zwischen den Rissen seiner zarten Flügel. In Wirklichkeit aber bin ich kein Schmetterling. Ich habe andere Möglichkeiten und andere Grenzen.

Wer bestimmt über meine Grenzen? Wer bestimmt über meine Schluchten und Täler? Wer weiß, wo es langgeht? Wer weiß, wer ich bin?

Zwischen Zwerchfell und Herz, dort, unter meiner Haut, ist eine geheime Tür. Eine Öffnung, verschlossen mit einer feinen Membran. Sensible Härchen bewegen sich wie durchscheinende Fühler verwachsener Korallen im Meer warmen Blutes, das sie umspült. Feine Härchen, die zu tanzen beginnen, wenn ich in mir selbst verweile, in jenem unbekannten Land, das mich zutiefst erfüllt, wenn es mir in seiner unfassbaren Vielfalt erscheint.

Ein leichter Impuls, der die Membran in Schwingung versetzt und ihr verrät, wie Schmetterlinge sich fühlen, wenn sie sich in den Nektar süßer Lilien stürzen. Eine Empfindung jenseits von Zeit und Raum. Eine Empfindung, so grenzenlos wie die Sehnsucht mich zu verströmen, mich zu erlösen in einem körperlosen Empfinden von Augenblicklichkeit.

Wenn ich in meine inneren Augen falle, verbinden sich zwei zu Einem. Dann wird in jenem Raum, der sich selbst eröffnet, Unendlichkeit geboren. Ich bin dort nicht mehr zwei. Und das ist der Raum, in dem ich existieren kann. In alle Ewigkeit.

Ich erkenne mich in mir. Ich erkenne mich als das Eine, das sich durch meine Augen selbst erblickt. Es verschmilzt in Liebe, die keine Grenzen kennt.

Doch erst die Hitze auf meiner Haut, die unter fremden Fingerkuppen vibriert, leitet elektrischen Strom in jenes Zentrum dieser stillen Membran. Knisternde Elektrizität, die mich durchströmt und die Grenzen meines Körpers fühlbar macht, in atemloser Ekstase.

Innerhalb der weichen Grenzen meines Körpers fühle ich den Anderen als starken Gegenpol, in dem ich mich verströme, dem ich den Raum öffne, um mich zu vergessen. Haltlos und ohne Zögern. Ich vertraue dem Dunkel, das mein Licht erst sichtbar macht. In das hinein ich sterbe, um zu vollem Leben zu erwachen. Es geschieht hier, zwischen Himmel und Erde, wo Schmetterlinge verbrennen und Herzen bersten, die zu brechen drohen, wenn sie an ihre äußeren Grenzen glauben. Die in irrem Zweifel die Ewigkeit vergessen, zu der sie sich aufschwingen können, als endlosen Gegenpol ihrer Endlichkeit.

Bewegliche Felder von Möglichkeiten schweben in meinem inneren Raum. Ich steige und falle von einem zum anderen. Ich lerne und breite mich aus, oder ziehe mich zusammen, wie das Universum, als das ich mich entfalte. „Ich bin", durchwoben von „Ich will". Was das ist, wird erst in der Begegnung sichtbar.

Unendlichkeit wird geboren zwischen Eins und Null. Zwischen Himmel und Hölle, Licht und Dunkel. Wir sind Erschienene in Raum und Zeit, Anwesende, in jedem Augenblick einander zugewandt.

Trennung entsteht, wenn wir das vergessen.

SCHREIBST DU EIN STÜCK EVOLUTIONSGESCHICHTE?

Kennst Du das: Du läufst mal wieder gehen die Wand und fragst empört: „Warum ist da keine Tür?!" Du klagst die Welt dafur an, dass sie nicht auf Dich eingeht, dass sie Dich nicht richtig versteht. Auf diese Weise generiert sich immer wieder dieselbe Uneinsichtigkeit. Wir leiden unter der Weigerung, wirklich sehen zu lernen.

Ganz einfach gesagt: Sehen heißt lernen. Sehen ist immer kommentarlos. Es ist die Eröffnung – direkte Einsicht. In uns und das Wesen der Welt. Bewusstes Sehen ist Intelligenz. Sie führt über mich und alle angenommenen Sichtweisen hinaus. Immer wieder.

Fliegen verstehen nicht, was Fenster sind. Seit es Fenster gibt, fliegen sie mit großer Beharrlichkeit dagegen. Und sie werden es noch viele tausend Jahre lang tun, weil das Programm, das die Fliege steuert, seit Jahrmillionen existiert und bisher tadellos funktioniert hat. Allerdings ist vor ein paar hundert Jahren eine neue Information aufgetaucht, die vom Programm bis heute nicht verarbeitet worden ist.

Die Existenz wird sich in Form der Fliege noch für unendlich viele Generationen uneinsichtig zeigen, bis sich schließlich die Erkenntnis durchsetzt: Wenn die Vorwärtsbewegung ohne ersichtlichen Grund plötzlich abrupt (von etwas) abprallt und dadurch in eine Rückwärtsbewegung verkehrt, dann versuche ich nicht mehr, mit noch mehr Schub die Vorwärtsbewegung wieder aufzunehmen, weil das zu nichts anderem als zu „Kopf-schmerzen" führt.

Da sich die Fliege einfach nicht bewusst ist, was sie tut, weiß sie auch nichts von ihren Kopfschmerzen. Sie ist deckungs-gleich mit ihrem Programm und kann deshalb nicht auf die Idee kommen, ihr Verhalten eigenständig zu ändern. Du hin-gegen bist ein System, das sich bewusst erleben kann, wenn Dir bewusst wird, *dass* Du es kannst! Anderenfalls verhältst Du Dich Dir und der Welt gegenüber mehr oder weniger wie eine Fliege und bleibst dem Geschehen gegenüber vollkommen uneinsichtig.

Dir ist es möglich zu entdecken, dass Du ein sich selbst unter-richtendes System bist. Du bist lernfähig und kannst Dich bis zu einem gewissen Grad selbst steuern. Wieso diese Einschrän-kung – wieso nur bis zu einem gewissen Grad? Weil Du nur steuern kannst, was bewusst zu Dir vordringt. Je weniger das ist, umso hilfloser bist Du an Dich als Programm ausgeliefert.

Im bewussten Selbsterleben kommt dieses System zu sich. Und in diesem zu-sich-Kommen können Programme entdeckt und umgeschrieben werden: Die Kopfschmerzen können im be-wussten Wesen also zu Verhaltensänderungen führen! Dein Schmerz kann Dich darauf hinweisen, dass Du Dir nicht be-wusst bist, wie Du mit Dir und der Welt umgehst. Anderenfalls würdest Du Dich nicht immer wieder an Dir und Deiner Welt stoßen!

Du bist nicht vollständig an die „unbewusste", sich selbst steu-ernde und vollziehende Evolution ausgeliefert. Wenn Du so willst, schreibst Du selbst ein Stück Evolutionsgeschichte: In Dir, als Deine Erkenntnisbereitschaft. Die Erkenntnis ist, dass Dich niemand zwingen kann, unablässig zu tun, was sich schmerzhaft auf Dich auswirkt. Eine Verhaltensänderung rückt dann in den Bereich des Möglichen, wenn Du zweifelsfrei erkennst, dass Du als automatisch ablaufender Prozess – als Programm – immer wieder Erfahrungen machen musst, denen Du hilflos gegenüberstehst. Das ruft immer wieder denselben Schmerz hervor.

Bewusstsein verwirklicht, dass es auf die Prozesse, die Du als Dich erfährst, einwirken kann. Statt auf meinen Schmerz zu bestehen, schaue ich mir den Ablauf und die sich daraus ergebenden Ereignisse aus einer anderen Perspektive an und erkenne, was sich da vollzieht. Ich entdecke, welches Verhalten immer wieder zu Schmerz führt. Konkret heißt das: Ich bin wirklich bereit, neue Erfahrungen zu machen. Ich fliege einfach nicht mehr gegen Fensterscheiben. Meine Fensterscheiben sind die Schmerzen meiner Vergangenheit ...

Programme sind effektiv, sie beschleunigen und vereinfachen Abläufe. In einer Minute zehntausend Mal gegen eine Scheibe zu fliegen, dazu gehört schon was! Dieses Programm kennt einfach keine Alternativen zu sich selbst. Bewusstsein hingegen führt zu der Einsicht, dass nichts so getan werden muss, wie ich es für „richtig" halte.

Bewusstsein führt zu alternativen Verhaltensmöglichkeiten mir selbst und der Welt gegenüber. Damit kann Bewusstsein mein Leben maßgeblich verändern. Der bewusste Mensch ist ein hochveränderliches Möglichkeitenfeld, dass sich selbst immer wieder neu entdeckt. Und keine dieser Entdeckungen ist für die Ewigkeit gedacht!

DAS MYSTERIUM LEBEN

Der warme Stein in meiner Hand, den soeben noch die Sonne beschienen hat, die bröckelige Erde, die meine Finger kneten, die Härchen auf meiner Haut, die erzittern, wenn sachte Fingerkuppen über meinen Rücken fahren ...

Der dampfende Tee, dessen exotischer Duft in meine Nase steigt, die spritzende Mandarine, die süß auf meiner Zunge schmeckt, der Sonnenuntergang, der den Himmel tiefrot färbt ...

Alles, alles, was ich mit meinen Sinnen erfassen kann, die gesamte Welt des Konkreten, des Erschienenen, des Sichtbaren, alles Erfassbare, alles Erfahrbare, Begreifbare, all das ist das Ergebnis von geheimnisvoll im Dunklen, im Verborgenen ablaufenden Prozessen.

Es ist die Haut des Lebens.

Es ist das sichtbare Design einer verborgenen Programmiersprache, die niemand kennt, die niemals jemand entschlüsseln wird. Weil es in der Natur dieser Prozesse liegt, nicht decodierbar zu sein. Sie laufen einfach ab.

Im tiefen Dunkel der Erde formiert sich die Information eines Apfelbaums in einem kleinen Kern. Die warme, feuchte und nahrhafte Umarmung des Mutterbodens, unsichtbare Kräfte, interpretieren den Kerninhalt ins Leben, sie heben ihn ans Licht. Plötzlich ist er da! Der unverwechselbare Ausdruck dieses bestimmten Apfelbaums. In dem Moment, in dem das grüne Köpfchen die Erde durchbricht, erscheint er im Licht und entfaltet sich im Raum.

Jetzt ist er da, in Erscheinung getreten im Bewusstsein seines Betrachters und sichtbar nur, weil alles andere um ihn herum nicht er selbst ist.

Meine Hand wird sichtbar vor meinen Augen, weil alles andere nicht meine Hand ist. Ich bin sichtbar für mich und die Welt, weil alles andere nicht ich ist. So sieht es zumindest auf den ersten Blick aus! Dabei vollzieht sich alles im Bewusstsein. Ich und Du. Meine Welt und Deine Welt.

Das Konkrete erscheint vor einem weiten Nichts.

Ich erscheine vor dem Nichts, im unendlichen Raum – Ich. Ich erscheine im Außen, wie in mir selbst, im Inneren – eingebettet in die Erfahrung meiner Selbst.

Echte Magie. Kein fauler Zauber.

Alles, was ich im Außen beobachten kann, ist ebenso im Inneren erfahrbar. Egal, in welche Richtung ich mich aufmache: ob ich mit dem Teleskop ins Weltall blicke oder mit dem Mikroskop in meine Körperzellen zoome, das Ergebnis ist das Gleiche: Unendlichkeit.

Das Konkrete ist eingebettet in die unendliche Weite. Die zwei sind in Wirklichkeit eins. Sie bedingen einander, sind zutiefst ineinander verwoben.

Diese verborgenen Prozesse kennen keinen Programmierer. Sie kommunizieren in einer Sprache, die sich selbst schreibt. Ein unfassbar kreativer Ablauf von miteinander in Resonanz stehenden Ereignissen, die sich endlos aus sich selbst heraus generieren.

Das ist es, was Gott ist: Seine eigene Ursache und seine eigene Wirkung.

In nicht wahrnehmbarer Geschwindigkeit verschluckt sich die Welt selbst und bringt sich gleichzeitig wieder hervor, immer dort, wo sie gerade wahrgenommen wird, auf die Weise, wie sie erfahrbar werden kann, unvorhersehbar für den denkenden Verstand. Nichts steht jemals still, außer der Gesamtprozess an sich, in seiner nicht manifesten Absolutheit.

Ich habe kein Schicksal. Mein Leben entwickelt sich aus sich selbst heraus. Es entfaltet sich aufgrund der Möglichkeiten, die durch diesen Organismus gegeben sind. Doch niemand kennt diese Möglichkeiten ihrem vollen Ausmaß nach. Sie können sich nur selbst entdecken.

Jedem menschlichen Wesen wohnt ein selbst lernendes Programm inne, auf das der Verstand keinen direkten Einfluss hat. Es lernt sich selbst kennen, indem es die scheinbaren Begrenzungen überwindet und damit immer wieder auf neue Weise zu sich kommt. Als Möglichkeit zu leben.

Eine dieser Begrenzungen besteht im Herrschaftsanspruch des Verstandes. Doch wunderbarerweise wohnt ihm die Eigenschaft inne, sich selbst einsehen zu können. Die Einsicht verweist ihn an seinen natürlichen Platz. Wenn er wirklich bereit, also einsichtig ist.

Je freier der menschliche Organismus von Hindernissen und Verdichtungen in Form von starren Glaubenssätzen und energetischen Blockaden ist, umso leichter verwirklicht das Selbstlernprogramm sein volles Potenzial.

Dieses Programm ermöglicht mir, mich selbst als prozesshaftes Ereignis zu erkennen, das sich unaufhörlich selbst entwickelt, seinen Möglichkeiten gemäß. Niemand kann etwas Wesentliches über mich sagen, dass der wahren Bedeutung von mir oder dem anderen entspricht. Ich kann lediglich erleben, was sich durch mich ereignet. Antriebskraft dieser Selbstentdeckung ist das Ausmaß des Interesses an meinem Erleben.

Die Selbstliebe ist das Tor zur Entdeckung des Lebens in mir. Ich lasse alles durch mich hindurch, ohne mich dagegen zu stellen. Ich bin Ausdruck des selbstlernenden, sich seinen Möglichkeiten gemäß ausdehnenden Universums. Antriebskraft dieser Ausdehnung ist die seherische Freiheit des Bewusstseins, in der es sich selbst in jeder Form erscheint. Meine Freiheit ist die Freiheit der Identifikation mit dem Gesamtprozess, der sich in mir selbst erkennt.

Und das Mysterium?

Das Mysterium ist der warme Stein in meiner Hand, die bröckelige Erde zwischen meinen Fingern, der Sonnenuntergang vor meinen Augen und die zarte Berührung auf meinem Rücken.

Das Mysterium bin ich, der Raum, in dem alles in Erscheinung tritt und zu Erfahrung wird.

HINGABE – WAS FÜR EIN ERWACHEN

Ich küsse Deine Augen.
Deine Augen küssen die Welt und wecken sie auf.
Sie küssen den Raum ins Selbsterleben.

Ich komme durch diesen Kuss zu mir.
Als Erlebenswirklichkeit,
die sich ganz empfangen und vollkommen verwirklichen will.

Durch diesen Kuss schenke ich mir selbst die Möglichkeit,
die Liebe meines Lebens zu entdecken,
um in dieser Entdeckung auf- und unterzugehen.

Ich küsse Deine Augen.
Und sehe!
Ich küsse Dich als mich.
Was für ein Erwachen!

Die Dimension dieses Erwachens tatsächlich zu verwirklichen
bedeutet, sich vollkommen an die Liebe zu verschwenden.
Als Liebender, der sich in dieser Liebe absolut vertraut.

Das ist der Wille des Lebens. Sich zu vereinigen.
Die Zwei zu Einen.
Als Lebensimpuls, der „ja" zu sich sagt
und als Wille zu sich kommt.

Allein dieser Wille ist stark genug, ins Leben zu finden.
Allein dieser Wille ist stark genug, wirklich aufzugehen.
Als Selbsterleben.

DAS UNSICHTBARE PARADIES

In jenem Moment als die Zeit verrutschte, saß ich frühmorgens in der Bäckerei und hielt mich an meinem Kaffee fest. Ich sah verschlafen auf die Menschen, die ihre Brötchen bestellten und die Verkäuferinnen, die sie einpackten. Mechanisch, auf Vollautomatik, mit eingeübtem Lächeln.

Das Licht fiel weich und warm auf die frisch aufgebackenen Brötchen und tauchte sie in einen rötlichen Schimmer. Alles strahlte eine aufgesetzte und dennoch angenehme Geborgenheit aus.

Wohin gehen eigentlich die Momente? Diese Frage stand plötzlich in meinem Kopf, wie der dicke Mann, der mir jetzt die Sicht auf die Theke versperrte. Vorher war er nicht da. Wo sind die Leute hin, die vorher da waren? Wo ist der Augenblick hin, als ich die Bäckerei betreten habe?

Es ist alles nur noch in meinem Kopf. Mein gesamtes Erleben spielt sich vor meinen Augen ab und verschwindet dann in meinen Kopf. Oder ist es vielleicht sogar die ganze Zeit schon dort? Und wo ist mein Kopf, wenn alles darin sein soll? Eine endlose Verschachtelung tat sich vor mir auf.

Nein. So nicht.

Nochmal. Wo gehen all die Momente hin? Wo ist die Vergangenheit? Sie existiert einzig und allein in meiner Vorstellung. Die Zukunft ist ebenfalls dort. Als Vorstellung!

Die Vergangenheit und die Zukunft existieren ausschließlich in unserer Vorstellung.

Die Gegenwart ist der Ort, an dem wir atmen, an dem wir leben. An dem wir sind. Wenn, ja, wenn wir anwesend sind. Wenn wir nicht in unseren Vorstellungen verschwinden. Von der Vergangenheit, von der Zukunft.

Die Gegenwart ist ein sich ständig selbst generierender Moment. Eine Geburt, die sich selbst gebiert und wieder vergeht, im selben Augenblick. Alles ist ständig in Bewegung.

Alles erscheint in meinem Bewusstsein. In *meinem* Bewusstsein? Wo ist mein Kopf, wenn alles darin erscheint? Mein Kopf erscheint im Bewusstsein. Mein Körper ist davon durchströmt. Ich bin nichts ohne es. Nichts. Bewegungslos. Pulsierend. Leer. Unfassbar in sich.

Ohne Bewusstsein lebe ich in tiefer, unsichtbarer, bewegter Stille. Ich weiß nichts von mir, ich bin ein unbeschreibliches Gehirn, das funktioniert, auf eine Weise, die kein Wesen je begreifen wird, weil es in seiner Größe und Kreativität unbegreiflich ist. Jedes Wort begrenzt es und ist dadurch auf ewig unfähig, es zu treffen. Jeder Gedanke trennt sich davon, will es betrachten und sieht doch nur seine Projektion. Du kannst es nur atmen, Du kannst es nur fühlen mit Fühlern, die Du nicht haben kannst, die Du bist, tief durch Dich hindurch.

Und dann tauche ich auf und erkenne. Ich erkenne mich in diesem Spiel als das pulsierende, leere, göttliche Gehirn, das sich nur durch mich erfahren kann. Und durch Dich. Es hat alles Leben erschaffen, um sich lieben zu können. Um sich entdecken zu können, um seine Herrlichkeit zu feiern.

Wir sind das Tor zur Unendlichkeit.

Ich ging zur Toilette und wusch mir die Hände mit kaltem Wasser. Ich wusch mir das Gesicht und fuhr mir über die Augen.

Meine Haut wurde kalt und ich schmeckte das Wasser und meine Lippen. Ich sah mir in die Augen und musste lächeln. Alles existiert gleichzeitig.

Ich spüre mich ganz real, ich bin hier, die Füße auf dem Boden, ich lebe in dieser direkten, unmittelbar erfahrbaren Realität, der konkreten Welt. Und diese herrliche, schmackhafte, duftende, schreckliche, stinkende und reizvolle Welt, die in mir, aus mir, durch mich entsteht, ist ein Ausdruck der ewigen Stille, die in sich versunken einen unendlichen Traum träumt, den ich sehen kann, der ich selber bin.

Weil diese Fülle unsichtbar bleibt für uns, diese Gleichzeitigkeit von Allem, diese Untrennbarkeit von persönlicher und unpersönlicher Lebensrealität, dem Wunder, das im Fallenlassen all unserer Vorstellungen und dem Ergeben in das, was ist, entsteht – sieht die Welt aus, wie sie aussieht. Geschieht, was geschieht, wie es jetzt gerade geschieht. Weil wir von uns selbst getrennt sind, demonstriert sich diese Trennung überall. In der Zerstörung von Natur und Mensch.

Statt uns selbst zu erleben, versuchen wir lediglich zu überleben. Mit Schmerzen, mit Erleichterungen und wieder Schmerzen, im Wechsel.

Mit Plastikgedanken und Plastikgefühlen. Weil wir es nicht anders kennen.

Der Himmel ist auf Erden. Von allen unentdeckt. Keiner sieht ihn. Er ist hier, in dieser Bäckerei, frühmorgens im Irgendwo.

Ich bin glücklich und weiß nicht warum. Weil das, was ist, so herrlich ist, ohne, dass es eine Bedeutung hätte. Denn dass es ist, sagt schon alles aus. Wir sind die Herrlichkeit, die wir nicht erkennen.

Es steht überall, wie eine unsichtbare Botschaft, die man nur mit einer Spezialbrille sehen kann: Du bist das Tor zum Paradies.

Und wir wissen nicht, wer wir sind, wir wissen nichts von einem Tor und haben keine Idee vom Paradies. Das steht in den Gesichtern geschrieben, die wie weggetreten Brötchen bestellen und zur Arbeit eilen.

Wann hören wir auf zu funktionieren? Wann bleiben wir einfach mal stehen, mitten im Sturm, wann lassen wir uns mal darauf ein, dass alles zusammenbrechen könnte? Wann trauen wir uns nicht zu wissen? Wann trauen wir uns, für uns allein zu stehen?

Einfach nur, um uns zu spüren. Um uns zu uns selbst umzudrehen und einen Moment zum allerersten Mal zu erleben, diesen Moment: Ich bin am Leben.

ICH BIN MIR SELBST ANVERTRAUT ...

Das Leben tritt ein. In sich selbst. Es kommt zu sich. Als das Ungeahnte, als das, was Leben *ist*. Nur das Leben ist wirklich, obwohl es vollkommen unwirklich anmuten kann. Weil es flüchtig scheint. Aber bei genauerer Betrachtung wird schnell klar: Es gibt nichts anderes als Leben. Und dieses Leben wird sich seiner Anwesenheit bewusst. Es atmet und schaut sich dabei von überall her selbst an.

Das Leben ist der Pulsschlag des Universums. Es ist Ausdruck und Symbol für den ewigen Wandel. Alles wandelt sich – unentwegt. Diese Gewissheit kann uns Angst machen, weil sie uns und alles, was wir erleben, mitreißt. Nichts bleibt, wie es ist! Kein Gedanke. Kein Gefühl. Keine Gewissheit. Nicht einmal ich. Das ist eine ungeheuerliche Nachricht! Was für eine Erlösung! Was für eine Enttäuschung!

Das, was lebendig ist, kommt immer wieder in neuer Form und auf neue Weise zu sich. Und in diesem Zu-sich-kommen kristallisiert es, wird es zu etwas – zu einem „eigenen" Leben. Zu mir. Mir ist dieses Leben gegeben. Es ist mir anvertraut. Als ich selbst. Egal, ob ich das will oder nicht. Ich bin mir selbst anvertraut, als dieses Selbsterleben. Ich habe ganz unmittelbar mit diesem Selbsterleben zu tun. Ich bin und lebe als dieses Selbsterleben. Und wenn ich mein Leben wirklich erlebe, werde ich feststellen, dass es nicht festgeschrieben ist oder steht. Das heißt nichts anderes als: Ich kann über jede Form des Selbsterlebens hinausfinden. Und immer wieder als das Unbeschriebene zu mir kommen. Als der Raum reiner Anwesenheit, in dem sich dieses Leben unaufhörlich entdeckt und vollzieht. Als lebendiges Mysterium, das sich nicht mehr vorwegnehmen möchte, weil es sich vollkommen vertraut. Selbst vertraut!

Die Einsicht, dass Dir dieses Leben anvertraut ist, findet zur Kraft und damit in die notwendige Zuversicht, die Dich über die Dir bekannte Form hinauswachsen lässt. Von allein.

Die größte Illusion besteht darin, das Leben für eine Illusion zu halten. Durch Deine Selbstverneinung kommst Du nicht in den Fluss, nicht ins Leben und damit nicht zu Dir. Durch die Verneinung kapselst Du Dich vollkommen im illusionären nicht durchschauten Gefühl ein, getrennt von Dir, der Welt und dem Leben zu sein. Damit wehrst Du alles ab, was Du als zu Dir gehörig entdecken kannst und treibst weiterhin vereinsamt durch ein dunkel und sinnlos scheinendes Universum. Und das nur, weil Du Dich selbst für eine Illusion hältst. Was ist das für eine Täuschung!

Das Leben ist die einzige Kraft, die sich selbst verwirklicht. Durch jeden Schmerz hindurch bleibt es, was es ist: Unbedingte Zuversicht. Vollkommen eins mit sich selbst. Sich selbst absolut zugewandt. Letzten Endes ist Leben Licht. Es ist die aus sich selbst herausbrechende Kraft, die sich unbedingt in Erfahrung bringen will. Überlasse Dich diesem unbedingten Willen. Verwirkliche diese Kraft. Entdecke Dich als lebendig und lebe ...

Raum für Dich

Es ist nicht Deine Nähe, es ist nicht meine Nähe, es ist weder Deine noch meine Berührung, die spürbar wird. Es ist Nähe und Berührung, die durch uns entsteht und die Färbung annimmt, die sich durch unseren gemeinsamen Anstrich ergibt.

Wir können sie größer machen und wir können sie kleiner machen. Wir können sie auch verhindern. Sie richtet sich ganz danach, wie viel Raum wir imstande sind ihr zu geben.

Das ist die Kunst in jeder Kunst. Das ist das Qualitätskriterium für alles. Wie viel Raum kannst Du Dir selbst nehmen?

Das ist im Grunde die einzige Frage, die nötig ist. Die Antwort auf diese Frage entscheidet darüber, ob Du in Deinem Leben anwesend bist oder nicht.

Je mehr Raum Du Dir nimmst für Dich, umso unverstellter, kraftvoller und ungehemmter fließt das Leben durch Dich und beantwortet Dir die Frage danach, wer Du wirklich bist.

Je weiter und offener Du für das Erleben bist, das sich in Dir abspielt, für die Gefühle, die sich in Dir zeigen, umso klarer wirst Du sehen, umso näher kommst Du Dir. Die Nähe zu Dir selbst entscheidet über die Nähe, die Du anderen Menschen gegenüber zu empfinden in der Lage bist.

Kein einziges Wesen der Erde will sich anders erleben. Nur Du als Mensch fühlst Dich nicht wohl in Deiner Haut und träumst davon jemand anderes zu sein.

Du verhinderst Dich jede Sekunde Deines Lebens und leidest darunter, Dich nicht zu spüren. Die Angst schnürt Deinen Lebensimpuls ab und lässt Dich klein und fremd im Keller Deiner

Sehnsucht verrotten – bis Du verstehen willst, dass Du der einzige Mensch bist, den Du zum Erblühen bringen musst, allein durch das Vertrauen, das Du Dir entgegenbringst.

Du willst Weite sein, Stille, das *Eine*, Du willst die Unendlichkeit sein und strengst Dich so sehr an, sie in Dir zu fühlen. Statt zu erkennen, dass Du zuerst *Dich* sehen musst, wie Du tatsächlich bist, um den Weg ins Eine zu finden. Davor irrst Du im Labyrinth der Schatzkarten herum und nimmst die immer gleichen Abzweigungen, ohne es zu bemerken.

Das Leben hat Dich als Selbsterleben bejaht. Es hat sich selbst im Augenblick Deiner Zeugung angenommen. Du bist zu Dir gekommen! Feiere Dich! Liebe Dich! Sei Dir vollkommen nah! Lasse niemanden über Deine innere Welt bestimmen! Bewohne Dich vollständig!

Du kannst Deine Wurzeln in Dir finden, in der Tiefe des reinen Ich-Gefühls, in der ungeteilten Nähe zu Dir selbst. Stille zieht in Dich ein, wenn Du Platz machst für Dich. Fließe ein in Dich und Du spürst die Ruhe, den Frieden, den Du Dir selbst schenkst. Verlasse Dich nicht mehr für die Meinung anderer, bleib bei Dir, liebe Dich, sei Dir so nah wie Du nur kannst.

Dann wird es der Nähe bei Dir gefallen. Wenn sie nur noch sich selbst wahrnimmt, breitet sie sich ungehemmt in Dir aus. Dann wird es der Liebe in Dir gefallen – wenn sie nur noch sich selbst wahrnimmt, durch Dich. Dann strömen Nähe und Liebe durch Dich und sind bereit, Nähe und Liebe als Antwort zu empfangen. Dann verschwinden wir vollkommen darin, staunend wie Kinder unter dem weiten, leuchtenden Sternenzelt.

SCHWINGEND VERNIMMT ES SICH SELBST

In der Formlosigkeit des Sehens, Hörens, Tastens, Schmeckens und Riechens tauchen Formen der Wahrnehmung auf, die sich zu Erfahrungen, Empfindungen, Gedanken und Erinnerungen verdichten. Diese Verdichtungen führen zu mir. Sie beinhalten mich. Ich erlebe das, was selbst grenzenlos ist auf konkrete Weise. Überall. Damit wird das Unbegrenzte zu etwas, das sich selbst erleben kann. Es verwirklicht sich als Selbst- und Welterleben.

Gott tritt zunächst unbemerkt in sich selbst ein. Als formlose Welt, die in konkreter Gestalt zu sich kommt. In mir. Als ich. – Augen öffnen sich. Lebendiger Atmen strömt ein und aus und berührt sich dabei selbst. Dieser Selbstempfang führt in eine vollkommen einmalige Welt. In meine. Dieser Lebensstrom vernimmt sich selbst und bleibt dabei doch, was er ist: Ein formlos in sich schwingendes Feld, das nichts von sich weiß, bis es sich selbst erlebt.

Ich bin – und komme als reiner Selbstempfang zu mir. Ich werde zu meiner Welt. Meine Welt besteht aus Erfahrungen und Empfindungen, aus Gedanken und Anschauungen. Meine Welt besteht daraus, wie ich die *Dinge* sehe. Ohne mir dessen bewusst zu sein, werde ich zum alleinigen Gegenstand meines Erlebens. Das macht mich für das reine Sehen und Empfinden unempfänglich. Ich sehe nur noch, was *ich* sehe, was ich denke, was ich möchte, was ich glaube, was ich empfinde.

Da ich die Welt in diesem Zustand nur noch in Form meiner Bedürfnisse, Erwartungen, Hoffnungen, Enttäuschungen, Mutmaßungen, Vorerfahrungen und Ängste wahrnehmen kann, fühle ich mich unendlich getrennt. Darauf weist mich der von mir erfahrene Schmerz unaufhörlich hin.

Dieser Schmerz wird sich immer wieder ins Bewusstsein rufen und in Form von Gefühlen und Gedanken vergegenwärtigen, bis er wirklich zu mir kommen darf und damit angenommen wird. Es ist mein Schmerz! Ich leide darunter! Ich leide unter den Annahmen über mich, ich leide unter den Sichtweisen, die ich angenommen habe, ohne mir dessen bewusst zu sein.

Die Erkenntnis ist einfach: Ich habe mich täuschen lassen und lebe seither als Getäuschter. Ich bin um so vieles mehr als alles, was mir über mich erzählt worden ist. Ich bin um so vieles mehr, als ich in mir gesehen habe. Das ist es, was mir der Schmerz vergegenwärtigen will: Du bist größer. Du bist tiefer. Du bist weiter. Du hast Dich bisher immer wieder für das von Dir Geglaubte und für das von Dir für wahr Gehaltene übersehen. Jetzt öffnen sich Deine inneren Augen, die Augen zu Dir selbst – und sehen ein lebendiges Mysterium, das sich unaufhörlich mit sich selbst vereinigt.

Ich bin Ausdruck einer Idee, die sich nur berühren kann, wenn sie als Erleben zu sich kommt. Ich bin die dem Kosmos eingeborene Idee, die als Erleben in ihre eigene Welt eintritt. Damit verdichtet sich die offene Schau der Grenzenlosigkeit zum direkten Erleben eines Lebens. Das ist die befreiende Einsicht, die mich *ganz* zu mir kommen lässt. Ich bin als Erlebender nicht von mir getrennt. Mein Erleben ist von Anfang an vereinigt.

Der Kosmos kommt als universales Selbsterleben zu sich. Überall. Er nimmt sich selbst aus jeder Perspektive wahr. Eine dieser Perspektiven trägt Deinen Namen. Aber Du bist um so vieles mehr! Weil Du wirklich bist! Du bist die sich selbst vernehmende Gegenwart. Du bist, was Bewusstsein ist – und kommst im Bewusstsein zu Dir. Bewusstsein selbst ist das Gebet, in dem sich die vollständige Vereinigung vollzieht und verwirklicht.

Bewusstsein kann sich für das Konkrete übersehen. Dann sieht es so aus – und fühlt sich auch so an – als ob ich hilf- und willenlos an ein mir fremdes Selbsterleben ausgeliefert wäre, mit dem ich nichts zu tun haben will. Dabei gibt sich das, was Du in Wirklichkeit bist, unentwegt an sich selbst hin, weil Du nichts anderes bist als das, was Hingabe ist! Du bist Gott, der als lebendige Erfahrung zu sich kommt. Du bist Gott, der sich im Leben verwirklichen will und keine weltfremde Idee, die auf der Flucht vor sich und der Welt bleibt!

Du bist das Gebet, das seine Wirklichkeit einsieht und sich dabei entfaltet. Deine Hände drücken aus, was Du glaubst! Du wirst Dir bewusst, dass Du wirklich anwesend bist. Als Anwesenheit, die sich selbst nicht mehr ausweichen will. Als Anwesenheit, die sich selbst nicht mehr vermeiden und aus dem Raum erklären möchte.

Du entdeckst die Kraft, die diesen Körper beatmet und die dieser Körper atmet. Du und das lebendige Leben seid von jeher eins, seid von jeher ver-ein-igt. Das ist die Verwirklichung, die über alles hinausführt, was Du je über Dich und die Welt geglaubt hast. Das Leben ist die Vereinigung. Es vereinigt sich mit sich selbst. Im Bewusstsein. Und als Demonstration, durch Deine Geburt.

Gott befindet sich nicht da draußen in einem unerreichbaren (N)Irgendwo, getrennt von Dir, in einer Dir nicht zugänglichen Welt. Er ist Dir nicht fremd, Du musst nicht über ihn fantasieren, Dich nicht vor ihm fürchten oder ihn anbeten. Gott ist das

Licht der Welt. In diesem Licht kommst Du zu Dir. In diesem Licht findet alles zu sich. In diesem Licht vollzieht sich das heilige Leben. Hier ist Gott all-ein ...

ICH WILL NICHTS MEHR ALS DAS

Als das Leben zu mir kam, als Ich, erlosch jeder Selbstzweifel. Er löste sich auf, wie eine Fata Morgana, der man näher und näher kommt. Ich erhielt den Schlüssel zu einer Gefängnistür, die es überhaupt nicht gibt.

Der Tag und die Nacht und alles, was im Leben enthalten ist, sind eine Projektion von mir, von einem „Ich", dass nicht greifbar und dennoch voll anwesend ist. Ich bin Ursache und Wirkung, ohne darin auffindbar zu sein. Es ist das Ankommen in einem Zuhause, das immer da war. Ich habe es nie gesehen, weil ich es für etwas anderes hielt als mich selbst.

Ich habe mich immer von dieser inneren Nähe wegbewegt, weil mir die Wahrnehmung für sie fehlte.

Ich war noch nie so erfüllt und so leer. Ich war noch nie so in Frieden, ich war noch nie so in Ruhe. Ich war noch nie so voller Annahme.

Dinge, die mich vorher aus der Ruhe gebracht und in Hektik versetzt haben, lassen mich in Frieden. Auch wenn Unruhe da ist. Auch wenn Ärger und Traurigkeit und Schmerz da sind, bin ich in Ruhe.

Ich bin innen und außen. Ich bin Nähe, und durch diese Nähe empfinde ich keine Distanz mehr für die Welt oder die „Anderen". Der enge Raum, der sich abgrenzen musste von anderen, um sich zu schützen, um nicht noch enger zu werden vor Angst, ist nicht mehr auffindbar. Er hat sich aufgelöst, hinein in einen Strom, der ihn mit sich reißt von Nanosekunde zu Nanosekunde und noch schneller. So schnell, dass die Geschwindigkeit nicht mehr existiert. Also ganz unmittelbar!

Alles bricht zusammen in ein Jetzt, dass sich als ewig erkennt, in der permanenten Wandlung, die sich unaufhörlich vollzieht. Ich ruhe in Wandlung.

Impulse bewegen mich. Impulse, die mich auf mich selbst verweisen, die aus mir selbst entstehen. Von dort aus, wo kein Zweifel darüber besteht, woraus sie geformt sind.

Diese Impulse lassen mich jetzt aufspringen und zur Tastatur greifen. Diese Impulse lassen mich jetzt eine herrliche Suppe kochen. Sie lassen mich jetzt das Haus verlassen oder mit Dir sprechen.

Ich tanze von Impuls zu Impuls. Einverstanden, ohne einverstanden zu sein, weil da kein Einverstandener ist. Es herrscht nur Ein-Vernehmen.

Etwas vernimmt und handelt. Etwas vernimmt und handelt nicht. Alles hat Bedeutung und hat sie nicht. Es ist verrückt und doch völlig an seinem Platz.

Mein kleines Mädchen hat Bauchweh. Es krümmt sich und schreit. Es ist vier Uhr nachts. Ich weiß nicht, was sie hat. Ist es gefährlich? Ich halte sie, streichle ihren Bauch und wiege sie in meinen Armen. Sie beruhigt sich. Später sitzen wir im Auto und fahren zur Klinik. Gedanken an den Tod, Bilder von ihrem leblosen Körper. Gedanken daran, dass sie mir entrissen werden könnte, Gedanken, dass ich etwas falsch gemacht haben könnte. Und darunter? Ruhe. Tiefe Stille. Die Gedanken dürfen sein. Ich gerate nicht in Panik wie früher. Ich halte ihren Kopf, weil sie sich übergeben muss in eine schnell herbeigefischte Pappkiste vom Einkauf. Ich bin still. Sie legt den Kopf danach wieder auf meine Schulter.

Die Gedanken verschwinden. Ich halte mein Mädchen. Sie schmiegt sich an mich, das ist alles, wir fahren. Dort sehen wir weiter. Augenblick folgt Augenblick. Mal laut, mal leise. Im Wesen still. Alles ist gut. Wir fahren zurück. Sie ruht sich aus.

Alles darf sein. Nichts wird ausgeschlossen. Es geschieht. Ich bin da. Ich bin das und handle oder handle nicht. Je nachdem, was sich vernimmt. Was für eine Gnade! Diese Gnade ist reine Kraft. Ist pure Empfindung von Allem, was ich erfahren kann in diesem Moment. Es ist alles, was ich brauche. Ich will nichts mehr als das.

ALLES IST ENERGIE

Alles ist Energie! Gleiche Dich der Frequenz der Realität an, die Du möchtest, und Du kreierst diese Realität. Das ist keine Philosophie. Das ist Physik!

Albert Einstein

Aber wie? Wie soll ich mich einer Frequenz angleichen, die nicht meiner gelebten Wirklichkeit entspricht und damit keine echte Realität für mich hat? – Das ist unmöglich. Vollkommen unmöglich! Niemand kann das. Das ist die Einsicht, die Dich in einer anderen Wirklichkeit zu Dir kommen lässt. Dann kannst Du es! Weil Du die Frequenz der Wirklichkeit erkennst und Dich niemand mehr zwingen kann, anders zu schwingen, als es Dir *in Wirklichkeit* entspricht. Niemand. Nicht einmal der Bedenkenträger, den Du bisher mit Dir gleichgesetzt hast!

AUFMERKSAMKEIT ABZIEHEN UND DANACH LEBEN

Setze um, was Du weißt und erkenne, dass jedes Nichtumsetzen darauf hinweist, dass Du es noch nicht wirklich weißt. Halte Dich nicht zurück. Gestehe der Wirklichkeit zu, dass sie sich selbst demonstriert, durch Dich. Du kannst nicht wissen, was das heißt, aber Du kannst Dich dieser Demonstration vollkommen überlassen bzw. anvertrauen. Als Du selbst. „Dein Wille geschehe." – Das ist nicht passiv! Du verwirklichst den Willen, der sich als Du vollziehen möchte. Du bedenkst ihn nicht mehr, Du verwirklichst ihn. Damit wird dieser Wille zu

Dir. Das ist mit „Ich und der Vater sind eins" gemeint. (Johannes 10, 30)

Es geht nicht darum, Dir vorzumachen, was nicht ist. Das hast Du Dein ganzes Leben lang getan. Jetzt geht es nur noch darum, was ist. Jetzt geht es zum ersten Mal um Dich! Um Dich, so wie Du Dich nicht kennst. Um die Unmittelbarkeit Deiner selbst. Um das Leben, das sich als Du vollzieht. Um die Kraft, die sich niemals außerhalb von sich selbst befindet!

Diese Kraft zieht Dich an. Es zieht Dich in diese Kraft! Das ist das Unglaubliche. Das ist absolut unvorstellbar! Diese Kraft ist nicht Deine Kraft, es ist nicht meine Kraft, es ist die Kraft, die durch Dich und mich wirkt. Es ist die Kraft, die sich Deiner vollkommen bemächtigt, wenn Du aufhörst, Dich immer wieder nur angstvoll zu bedenken, denn dadurch kommst Du immer wieder auf dieselbe Weise zu Dir. Und solange das so ist, bleibt Dir die Kraft verschlossen, die Dich anderenfalls durchströmt – und zu Dir anhebt. Deine Auferstehung bedarf des unbedingten Vertrauens in diese Kraft! Andere Voraussetzungen gibt es nicht! Verwirkliche, dass Du geführt wirst und versuche nicht länger, Dich selbst zu führen. Denn Dein Führen ist ein Festhalten – ein Festhalten an Dir, ein Weitermachen als Du, so wie Du Dich kennst.

Entdecke den Unterschied zwischen Denken und Handeln und erkenne, dass sich die Wirklichkeit in jedem Augenblick in Vollkommenheit demonstriert. Die Wirklichkeit zeigt sich, sie vergegenwärtigt sich in diesem Augenblick. Als das, was gerade ist. Sie gibt Dich genau so wieder, wie Du Dich siehst und fühlst. Das ist der alles entscheidende Hinweis! Wenn Du die Bedeutung dieses Hinweises verwirklichst, hat es Dich bereits ergriffen. Dann bist Du nicht mehr der, der Du warst. Dann bist Du nicht mehr, wer Du zu sein *glaubtest*!

Einfach gesagt: Ein Eindruck, der nicht wirklich wahrgenommen wird, führt immer wieder zum selben Eindruck. Du lebst als dieser von sich selbst beeindruckte Eindruck: Ein sich selbst marterndes gedankliches Konstrukt, das sich in Form von körperlichen Empfindungen vernimmt. Eine an Gedanken und Gefühle verlorene Anwesenheit, die sich selbst gegenüber oft abwesend ist. Ein Gedanke, der auf sich besteht. Der anklagt, ausmalt oder überhöht, dabei aber nicht ins Leben findet, sondern immer wieder an sich hängen bleibt und damit das gesamte Erleben färbt.

Die Frequenz Deiner Gedanken bestimmt, was Du erlebst. Von Anfang an! Und das wird Dir jetzt bewusst! Du denkst Dich und die Welt. Aber nicht wirklich. Du bedenkst sie nicht neu, sondern rekapitulierst sie lediglich in Form von Gedanken. Und diese Gedanken gehören Dir nicht, sie bedenken Dich!

Um es so deutlich wie möglich zu sagen: Die sich in Dir vollziehenden Gedanken haben Dich in dieser Erlebensform hervorgebracht, an die Du Dich hilflos ausgeliefert fühlst – an die Du Dich hilflos ausgeliefert fühlen musst! Bis Du erkennst! Bis Du erkennst, dass diese Gedanken von Anfang an nicht Deine waren! Sie haben Dir ein Gefühl für Dich selbst vermittelt, dass Dir nicht entspricht. Ein Dich in keiner Weise berücksichtigendes Gefühl. Deshalb fühlst Du Dich so, wie Du Dich fühlst. Aus eben diesem Grund! Und wenn Du genau hinschaust, wirst Du erkennen, dass Du Dich so gut wie gar nicht fühlst. Du fühlst, wie sich Dir fremde Gedanken auf Dich auswirken!

DIE SEHNSUCHT NACH HINGABE

Kennst Du die Sehnsucht, überwältigt zu werden? Kennst Du das Verlangen, zu unterliegen? Dich hinzugeben, Dich aufzugeben, „Nimm mich!" zu sagen?

Viele Frauen kennen diese Sehnsucht. Sie hat nichts damit zu tun, tatsächlich vergewaltigt werden zu wollen oder von Gewalt zu träumen. Rein gar nichts.

Sie hat etwas mit Weiblichkeit auf der Suche nach Männlichkeit zu tun.

Hier geht es um Urprinzipien, um Yin und Yang, um Geben und Nehmen, um Aktion und Reaktion, um Gott und Teufel.

Dieses Verlangen kann einem den Verstand rauben. Es ist verantwortlich für Ehebrüche, gescheiterte Beziehungen und ratlose Liebende. Aber auch für (vorübergehende) Gefühle der ewigen Zusammengehörigkeit Zweier, die sich gegenseitig (vorübergehend) diese Sehnsucht stillen.

Doch was ist, wenn da niemand ist, dem Du Dich hingeben kannst? Etwa, weil Dein Partner nicht in dem Maße sein Urprinzip lebt wie Du Deines? Dann verkümmert Dein Verlangen, Dein Feuer, Deine Leidenschaft ... dann erlebst Du immer und immer wieder die Zurückweisung Deiner Weiblichkeit, und wirst bitter.

Oder da ist tatsächlich niemand, dem Du Deinen Körper, Deine Seele anvertrauen kannst, da ist einfach niemand, der Dich erhören kann, der Dein Verlangen stillt, es mit Dir teilt, mit dem Du gemeinsam die Ekstase von Ganzheit leben kannst.

Wenn das männliche Prinzip in Deinem äußeren Leben verletzt ist, dann ist das Gleichgewicht in Deinem Inneren aus der Balance. Dein weibliches Verlangen nach Hingabe stößt auf äußeren Widerstand, weil Deine innere Männlichkeit nicht anwesend ist oder zu stark vertreten. Ja. Wir sind Mann und Frau. Egal ob Mann oder Frau. Jeder trägt beide Prinzipien in sich. Doch selten bis nie zu gleichen Anteilen.

Wären wir beides zu gleichen Anteilen, wäre eine äußere Manifestation von Mann und Frau überflüssig. Dann hätten wir unseren Sinn bereits erfüllt. Ganzwerdung. Ganz werden heißt, Eins werden mit den Polen, die im Relativen erscheinen. Im Absoluten existieren sie nicht mehr. Im Absoluten existiert das Namenlose, das Undefinierte, das, was ständig anwesend und doch nicht sichtbar ist – die Grundlage unseres Erscheinens.

Letztlich geht es nicht um einen Mann und eine Frau. Es geht nicht um Deine Sehnsucht nach Hingabe an einen Partner. Es geht um die Hingabe an das Leben. Und im letzten Sinne um die Hingabe an Dein Selbst. Doch der Tropfen will Tropfen bleiben, und er hat Angst davor, sich im großen Ozean aufzulösen.

Wie sehr widersetzt Du Dich dem Leben und den Umständen, die es Dir beschert? Wie viel Widerstand ist in Dir? Wie viel Angst vor dem Unbekannten? Wie viel Angst vor dem Tod?

Wir haben alle große Angst davor, vollkommen zu vertrauen. Wir sind voller Konzepte die Welt betreffend, die uns innere Grenzen setzen. Das alles sind Maßnahmen, um uns vor der vermeintlichen Vernichtung zu schützen.

Es erscheint unmöglich, dem Leben vollständig zu vertrauen. Die Angst ist einfach zu groß, zu unüberwindlich. Wir haben kein verwirklichtes inneres Abbild, wie es wäre, die Angst loszulassen und zu springen. Keine Ahnung davon, wie es wäre, die Augen zu schließen und alles Bekannte loszulassen. Alles, was wir gelernt haben, fallen zu lassen, unserer Intuition zu vertrauen und dem unmittelbaren Moment zu folgen. Das erscheint völlig unsinnig.

Völlige Hingabe – unmöglich. Tatsächlich ist es das, was das Leben von uns verlangt.

Kannst Du Dir vorstellen, dass die sexuelle Hingabe nur eine Metapher für die innere Hingabe an das Sein ist? Kannst Du Dir vorstellen, dass das Loslassen der letzten Angst, der Angst vor dem Tod, genauso explosiv und befriedigend ist wie ein Orgasmus? Um einen Orgasmus zu ermöglichen, muss etwas in Dir loslassen. Um Glückseligkeit zu erfahren ebenfalls. Vor der Erleuchtung steht das Loslassen der letzten Angst. Der Sprung in den Abgrund des Nichts. Wer ihn wagt, gewinnt sich selbst.

Stell Dir vor, Deine sexuellen Probleme wären schlicht ein Ausdruck Deiner Probleme, das Leben so anzunehmen wie es ist, die Herausforderungen des Lebens so anzupacken, wie sie sich Dir stellen…

Das große „Nimm mich" gilt nicht einem Partner im Außen, es gilt dem Leben.

„Nimm mich!", Dein Wille geschehe, ich gebe mich Dir hin, Leben! Ich fließe mit Dir, ich folge Deinen Impulsen, die Du in mir manifestierst, ich lasse mich fallen, ich lasse mich ein auf Dich und das, was Du in mir, durch mich zum Ausdruck bringen willst … Ich ergebe mich in Dich …

Wenn Du eine Frau bist: Leg die Hände in den Schoß und wehre Dich nicht gegen Schmerz, gegen Angst, gegen Kummer. Nimm all das ebenso an, wie Du Freude annimmst. Geh durch, bleib wach und tu, was zu tun ist, ohne zu viel nachzudenken.

Fühle. Liebe. Sei. Es sind Wegweiser nach Hause. Nach Hause zu Dir. Es geht darum, alle Knoten zu lösen, die Dich vor dem letzten Loslassen trennen.

Wenn Du ein Mann bist: Komm in Deine Kraft, wehre Dich nicht gegen Schmerz, Angst, gegen Kummer. Nimm all das ebenso an, wie Du Freude annimmst. Verschenke Dich an das Leben, verschwende Dich in absoluter Bereitschaft, ganz. Spüre Deine Energie, lerne sie zu lenken. Bleib wach, handle, entscheide, steh zu Dir selbst. Angst und Schmerz sind Wegweiser nach Hause. Nach Hause zu Dir. Es geht darum, alle Knoten zu lösen, die Dich vor dem letzten Loslassen trennen.

Frau: Gib Dich der aufnehmenden, der annehmenden Liebe hin. Mann: Gib Dich der gebenden, Leben spendenden Liebe hin. Dann vollendet sich der Kreis im Außen. Dann vollendet sich der Kreis im Inneren. Sie erlösen sich gemeinsam.

Und das macht nicht Halt vor Frauen, die Frauen lieben, oder vor Männern, die Männer lieben. Die Prinzipien sind immer gleich, egal in welcher Konstellation. Sie wirken in jedem Fall. Es können sich nur gegensätzliche Pole anziehen, um sich zu vereinen. Jeder lebt seine Anteile unterschiedlich. Es geht immer wieder nur darum, sie in sich selbst zu vereinen. Das geht zu zweit. Das geht aber auch allein.

Aber niemals ohne in Beziehung zu sein. Deshalb ist es oft so schmerzhaft. Weil andere Menschen uns unsere Schatten zeigen, für die wir selbst blind sind. Doch ohne die Schatten zu integrieren, ohne alle Gegensätze in uns zu vereinen und zu erlösen, werden wir niemals die höchste, herrlichste, die größte Gnade des Menschseins erleben: Die völlige Hingabe. Die Glückseligkeit der Auflösung, das Gehaltensein im Sein. Dann bleibt alles Erleben nur ein schaler und kalter Abklatsch des-

sen, was Leben in seiner Tiefe ist: Atemloser Atem. Geruchlo-
ser Duft. Nüchterne Glückseligkeit. Sinnliches Sein ohne Sinn.

IDENTIFIZIERE DICH ABSOLUT

Identifikation ist nicht das Problem. Sie wird nur dann zum Problem, wenn Du an Dir in programmierter Form hängen bleibst, statt ganz zu Dir zu kommen. Dann lebst Du als jemand, der unbewusst Programminhalte abruft und sich mit ihnen verwechselt. Aber wie dem auch sei: Final gibt es nur das, was Du erlebst.

Du wirst niemals etwas anderes erleben als das, was Du für Dich hältst. Das ist eine Einsicht, die Dich wirklich zu Dir bringen kann. Wenn Du ein bisschen genauer hinschaust wird schnell klar, dass alles was sich in Dir denkt und fühlt zu Deinem Selbstempfinden führt. So fühlt es sich an, als Du zu leben.

Bist Du wach und ganz bei Dir? Dann wirst Du Dich für nichts mehr halten, sondern Dich als Unmittelbarkeit selbst erleben. Benutzt Du die Augen, um zu sehen oder um zu glauben? Wird das, was Du siehst, von dem überlagert was Du glaubst? Dann nimmst Du Deinen Glauben wahr, dann lebt er auf Deine Kosten. Denkst Du, um zu erkennen, oder genügt es Dir, die Welt zu kategorisieren und zu bewerten? – Dann tust Du das auch mit Dir! Dann siehst Du Dich nicht. Dann bestimmen Urteile über Dich Dein Selbsterleben. Dann erlebst Du lediglich, was die Urteile in Dir anrichten bzw. auslösen. Alles, was Du über Dich und die Welt denkst, fühlt sich genau so an, wie Du es fühlst! Du täuschst Dich also nicht. Aber Du täuschst Dich in Dir!

Es gibt überhaupt nur diese beiden Möglichkeiten: Entweder entwickelt sich in Dir ein waches Interesse für das Lebendige und alles, was sich im Raum zeigt oder Du erkennst das Leben nicht, weil Du Dich hinter Glaubenssätzen, Vorurteilen, Handlungsanweisungen, Überzeugungen und Bewertungen versteckst. – Aus Angst vor dem Leben!

Entweder entdecke ich, dass ich bewusst bin und werde mir bewusst, dass ich mir selbst im Bewusstsein erscheine, oder ich glaube an das, was mir über mich erzählt worden ist und erzähle es mir selbst. Dann leide ich unter Selbstbetrachtungen, die es nur geben kann, weil ich mich bisher noch kein einziges Mal wirklich gesehen und zur Kenntnis genommen habe!

Aber leide ich wirklich unter mir? – Ist das überhaupt möglich? Wie kann ich unter etwas leiden, was ich bin, wie unter etwas, das mir entspricht? Das ist vollkommen unmöglich. Irgendetwas stimmt da nicht. Und dann zeigt es sich mir zum ersten Mal mit großer Deutlichkeit: Ich leide an einem „falschen" Ich, an einem Ich, dass mich nicht zu mir kommen lässt. *An mir als Trance*. Ich denke und glaube, ich rekapituliere und befürchte, statt zu sein, statt zu erleben, statt mich vom Leben bewegen zu lassen. Ich leide unter meiner mangelnden Anteilnahme an mir als Lebensprozess!

Mich vom Leben bewegen lassen bedeutet: Ich sehe mit den Augen. Besser noch: Sehende Augen! Ich höre mit den Ohren. Besser noch: Hörende Ohren. Eine riechende Nase, ein denkender Kopf. Ich spüre mich im ganzen Körper, mit dem ganzen Körper. Ich nehme deutlich wahr, wie sich Herz und Kopf verbinden, wie sie verbunden sind, durch denselben Körper. Gefühl und Gedanke haben darin ihr gemeinsames zu Hause. Der Körper ist die Verbindung, die mich an mich selbst anschließt. *Wenn* ich bemerke, dass ich wirklich einen Körper habe, in dem sich dieser Lebensstrom vollzieht. Und ich bin dieser Lebensstrom. Ich erlebe mich! Was für eine vollkommene Anteilnahme!

Wenn ich zu sehr im Kopf bin, wenn für mich alles nur das ist, was ich darüber denke, dann baumelt an mir ein quasi unbewohnter Körper herum, eine reine Fortbewegungsapparatur. Etwas, womit ich als Kopf nicht wirklich etwas zu tun habe. Als Kopf habe ich nur mit meinen Gedanken über mich und die Welt zu tun, aber niemals mit mir, niemals mit mir und der Welt. Deshalb fühle ich mich nicht oder falsch verbunden. Ich fühle mich einfach nicht zu Hause in mir. Und wenn ich mich in mir nicht zu Hause fühle, bleibt mir nichts, als ständig zu spekulieren, über mich und die Welt.

Dabei bin ich nicht der Kopf. Ich bin nicht Gedanke! Ich bin ich und kein Gedanke über mich! Es geht darum, Dich selbst zu entdecken und diese Entdeckung zu erleben – das erfüllt Dich. Wenn Du Dich als Gegenwart erfüllst, verströmst Du Dich als Liebe. Dann wirst Du zu Liebe und mitnichten zum Egoisten. Egoistisch bist Du, wenn Du weiterhin nur an Dich denkst. Dann bleibst Du immer wieder an den Gedanken und Gefühlen hängen, die Dein kleines Ich vor Dir als Wirklichkeit beschützen.

Es ist absolut egoistisch, Dich Dir selbst und der Welt zu verweigern, weil Dir auf diese Weise immer etwas fehlt. Du, als unmittelbares Erleben! Deshalb hat das kleine bedürftige Ich einen so unstillbaren Hunger nach Anerkennung und Bestätigung. Auf diese Weise wird unablässig neuer Mangel generiert. Damit wird Mangel zum eigentlichen Motiv und Handlungsantrieb. Und genau das ist egoistisch! Es bedeutet, dass Du mit Dir als Kind identifiziert bleibst. Mit Dir als abhängiger und bedürftiger Person.

In dem Augenblick, in dem Dir wirklich klar wird, dass Du bisher nicht in Deinem Auftrag gehandelt hast, entdeckst Du, dass Du Dich nur deshalb enttäuscht aus dem Leben zurückgezogen hast, weil es gar nicht zu Dir geworden ist, dieses Leben. Du hast Dich einer antrainierten Version von Dir überlassen. Das wird jetzt absolut offensichtlich. In dieser Version träumst Du hin und wieder von einem ganz anderen Leben, von einem echten, von einem wirklichen Leben, von einem Leben, in dem es Abenteuer und wirkliche Liebe gibt, von einem Leben, in dem nicht wirklich klar ist, was noch kommen wird. Von einem Leben, das sich erlaubt, lebendig zu sein.

Wer in Dir glaubt zu wissen, wie Deine Wirklichkeit aussieht? Du, als Programm. Aber Du bist um so vieles mehr als ein Programm, das sich immer wieder selbst aufruft. Dieses Programm hat Dich Dein Leben lang gebremst. Du hast verinnerlicht, dass es normal ist nicht tun zu können, was Du willst. – „So ist das nun einmal." Du findest Dich immer wieder mit Situationen ab, die Dir nicht entsprechen. Du arrangierst Dich mit einem Leben, das nicht zu Dir passt, statt die Einladung zu leben, die das Leben ist. Und das alles nur, weil Du Dich bereits zu kennen glaubst! Als das, was Dir eingeflüstert worden ist.

Die programmierte Version von Dir lebt, als ob sie ewig Zeit hätte oder schlimmer noch: Sie lebt, als ob es nur noch darum ginge, die Lebenszeit hinter sich zu bringen. Aus Gewohnheit. Weil sie Dich nicht kennt. Weil sie nicht an das Leben angeschlossen ist, sondern auf sich besteht. Du bist Dir angewöhnt worden. Und schließlich hast Du es Dir selbst angewöhnt, Dich zu maßregeln, zu zwingen und über Dich zu urteilen. Du hast es Dir angewöhnt, Dir selbst zu Misstrauen. Damit hast Du Dich immer wieder übersehen und geringgeschätzt. Um geliebt zu werden. *Um – zu.*

Das Leben als Person ist ein riesengroßes um – zu. Ich übergehe mich, um zu bekommen, was ich will. Ich stelle mich auf eine Weise dar, die mir nicht entspricht – um zu gefallen. Das ist absolut ver-rückt. Und das weißt Du bereits.

Öffne Dich diesem Wissen, sei bereit für dieses Wissen. Wisse, dass Du nicht weißt und erkenne das Leben als die Entdeckungsreise, die ganz ohne jeden Zweifel zu Dir führen wird. Die vollkommene Deckungsgleichheit mit Dir selbst bedeutet Freiheit. Du bist frei, vollkommen Du selbst zu sein. Mit Haut und Haar. Das ist das Versprechen, dass nur Du selbst einlösen kannst! Wenn Du bereit bist, Dir nichts mehr vorzumachen …

IM HÖLLENFEUER DER GEFÜHLE

Unsere Gefühle sind der einzige direkte Zugang, den wir zu uns haben.

Es ist unser Körper, der uns als Instrument für unsere Erfahrungen dient. Nur durch ihn können wir uns selbst erfahren. Doch wir denken die Gefühle lieber, als sie wirklich zu fühlen.

Wir glauben sie zu fühlen, doch in Wirklichkeit denken wir sie. Ganz oft erkennen wir den Unterschied nicht. Doch der Unterschied ist so groß wie jener zwischen Zeichentrick und 3D. Mindestens ...

Stell Dir vor, Dir mit einem Messer ins eigene Fleisch zu schneiden. Stell es Dir vor, fühle den vorgestellten Schmerz. Wie stark und genau ist Deine Vorstellung?

Und jetzt trau Dich und schneide wirklich hinein. Und fühle den echten Schmerz. Traust Du Dich? Oder erinnere Dich (in der Light-Variante) an den Moment, als Du Dich einmal in den Finger geschnitten hast. Jetzt weißt Du den Unterschied. Das Eine hat mit dem Anderen nicht viel zu tun.

Wir reagieren größtenteils auf unsere Vorstellungen. Sie lassen uns handeln, sie formen unser Leben. Wir denken unser Leben aus. Wir haben Bilder davon, wie es auszusehen hat, wie es richtig wäre, wie es besser und glücklicher wäre. Wie es wäre, wenn ...

Und so verträumen wir das, was uns geschenkt wurde. Wir verträumen dieses einmalige, einzigartige Geschenk der Selbsterfahrung unseres Lebens. Wir kommen auf die Welt, um uns selbst zu erfahren. Das ist die Aufforderung! Fühl Dich! Erspür Dich! Wie ist das alles für Dich? Kälte, Hitze, Hunger,

Angst, Schmerz, Traurigkeit, Freude, Kraft? Wie ist es, zu atmen, zu gehen, zu sprechen, zu fühlen, zu schmecken, zu riechen, zu hören, zu lieben? Wie ist es, am Leben zu sein – für Dich? Ja, für Dich!

Doch dann kommt ein Moment, in dem sich alle Informationen über uns zu einem Gefühl verdichten. Zu dem Gefühl „Ich". Und schon verlieren wir den unmittelbaren Zugang zu uns selbst.

Denn was Du bist, ist nicht fassbar. Erst durch dieses Gefühl von „Ich" beginnt die Begrenzung.

Und damit ist nichts verkehrt. Es ist ein notwendiger Rahmen, von dem aus wir in die Tiefe starten können. Doch leider verwechseln wir uns im Laufe der Zeit mit diesem Rahmen. Wir setzen uns mit ihm gleich. Wir glauben all diese Informationen, all diese Vorstellungen von uns und halten sie für das, was wir sind. So stark, dass es einem Sterbeprozess gleicht, uns wieder davon zu lösen und den Blick auf das Unfassbare zu lenken, das wir in Wahrheit sind.

Wir leben lieber in Vorstellungen von uns selbst und der Welt, wir bauen unser Leben lieber auf Informationen auf, die wir von außen erhalten haben, als den Blick auf uns zu lenken, hierhin, ganz unmittelbar zu dem Erleben, wie es sich gerade vollzieht.

Wir glauben Versicherungen zu brauchen, Verträge, Abmachungen, Gelübde, Versprechen, Beteuerungen, damit alles so bleibt, wie es ist. Damit wir aufgefangen werden, damit wir weich fallen, wenn sich doch etwas verändern sollte. „Sie haben ja unterschrieben!" ... „Du hast es mir ja versprochen!" ... „Wir haben uns versichert, dass ..."

Wir erleben die Jahreszeiten im Außen, wir erleben das plötzliche Aufbrechen, das Erblühen des Lebens im Frühling, wir erleben die Blüte, das vollkommene sich Verschenken der Natur im Sommer, die Reife und Fülle des Herbstes und den Abschied und das Vergehen des Winters, und setzen uns damit nicht in Bezug. Wir erleben uns außerhalb dessen. Wir glauben nur damit verbunden zu sein. Wir denken es uns, aber wir fühlen es nicht. Absolut nicht. Denn wir leben nicht danach.

Wir versichern uns. Wir halten uns fest, wir halten uns auf, wir bremsen uns. Wir kerkern uns ein in einen Status quo, der uns tötet, der uns mitten im Leben tötet.

Und warum? Aus Angst vor echten Gefühlen. Aus Angst vor der Überwältigung durch den Schmerz unserer vorgestellten Vergänglichkeit. Wir glauben, dass er uns unter sich begraben wird, wenn wir ihm in die Augen sehen. Jedes Erzittern in uns, jedes kleine Erbeben dieses Schmerzes, decken wir zu, um ihn nicht zu spüren.

Ich möchte Dir zeigen, wie echte Gefühle wirklich sind. Nein, ich möchte nicht, ich will es Dir zeigen! Ich will es, weil es das Einzige ist, wozu ich auf der Welt bin. Ich bin hier, um mich vollkommen zu spüren, zu entdecken, in meinen unermesslichen Ausmaßen. Und ich bin hier, um Dir von dieser Überwältigung zu berichten. Weil es nichts Wesentlicheres in diesem Leben gibt, als sich selbst zu erleben. Weil Du erst dadurch den Zugang bekommst zu einem Raum, der vollkommen über Dich hinausführt, der Dich erfahren lässt, was Leben heißt. Nicht erdacht, nicht vorgestellt, sondern tatsächlich erfahren.

Stell Dir vor, Du fühlst tiefen, bodenlosen Schmerz, und er ist ganz anders, als Du es Dir vorstellst. Stell Dir vor, dieser Schmerz führte Dich zu Dir. Zu einem Erleben von Dir, das Dir jetzt, da Du im Widerstand zu diesem Gefühl bist, unvorstellbar erscheint.

Stell Dir vor Du könntest Dich vollkommen ergeben in diesem Schmerz, mitten im Höllenfeuer stehen bleiben, das Dich zu zerreißen und verschlingen droht – und er würde Dich aufnehmen wie eine Mutter ihr Kind.

Stell Dir vor, Du dürftest Dich fühlen.

Ja. So ist es. Du darfst die totale Schwäche sein. Du darfst Dich fallen lassen, alle Vorstellungen davon, wie Du zu sein hast. Alle. Wirklich alle.

Alle Konzepte von Ego, Falschheit, Überwindung des Lebens, alle Ideen von besser sein, richtiger, stärker, überlegener verbrennen darin, und übrig bleibst nur Du, wie Du gerade jetzt bist. Schwach, klein, ängstlich unvermögend und bedürftig.

Und es ist gut.

Stell Dir das nur mal vor ... Kannst Du den Frieden schmecken? Kannst Du? Kannst Du im Frieden mit Dir sein, wie Du bist?

Schließe die Augen und falle in Dich hinein. Falle durch Dich hindurch und Du fällst in ein unendliches Universum, das Dich zum Inhalt hat. Es gibt dann nichts mehr, was nicht erfüllt ist von Dir. Die Welt, wie Du sie kennst, verwandelt sich in eine Welt, die vollkommen erfüllt ist von Deinem Duft. Sie ist nicht mehr trennbar von dem, was sich in Dir als Ich erlebt.

Und Du erkennst, dass alles was Du wahrnimmst ein Ausdruck von Dir selbst ist. Das ist Gnade. Das ist der ewige Frieden, das ist unermessliche Schönheit. Und Du erkennst, dass jeder Schmerz, vor dem Du Dich fürchtest, eine Abkehr von Dir selbst ist.

ZWEI

Durch die erste Berührung kommt das Leben zu sich. Durch die erste Berührung komme ich zu mir. Da ist niemand, nur Berührung, ein Selbstvernehmen. Ein Selbstempfang.

Zwei heißt: Etwas wird erlebbar, etwas wird fühlbar. Es tritt in den Raum und begegnet sich selbst – als Erleben!

Der Innenraum reiner Empfindung – das reine Fühlen – nimmt sich im ihn umgebenden Raum wahr, im Körper. Er ist der Resonanzraum unserer Welt. Hierin komme ich als Erleben zu mir, als reines und unmittelbares Selbstempfinden, dass sich im Augenblick der Erfahrung verwirklicht:

Das bin ich und das ist es, was ich empfinde. Ich bin. Und doch halte ich mich an etwas anderem fest: An Gedanken, an Überzeugungen, an Hoffnungen und Wünschen.

Dabei bin ich eins mit der Gegenwart des Lebens. Als Bewusstsein, das sich selbst entdeckt. Und damit bin ich auch das, was sich in seiner Anwesenheit vollzieht. Eine Welterfahrung, die auf sich selbst einwirkt. Eine Erfahrungswelt, die sich auf sich selbst auswirkt.

Die Welt meiner Erfahrung kann sich unheimlich befremdlich auf mich auswirken. Ich kann den Eindruck haben, ein Leben zu erleben, mit dem ich in Wirklichkeit nichts zu tun habe. Ein Leben, das mir nicht entspricht. Und wenn ich diesen Eindruck von mir habe, werde ich mit diesem Leben nicht einverstanden sein und nicht verwirklichen, welche Möglichkeiten sich in diesem Leben verwirklichen wollen. Und genau das kann sich Dir eröffnen und vollkommen bewusst werden.

Durch Beobachtung fängt es an, sich selbst zu korrigieren. Du beobachtest Dich selbst. Du erlebst Dich selbst. Du wirst auf bewusste Weise zu Dir selbst. Hier gibt es kein Urteil mehr, sondern nur noch totale Anteilnahme und wirkliches Interesse. Für Dich, als Möglichkeit. Statt über Dich zu urteilen, nimmst Du mit vollkommenem Interesse an Dir Teil.

Das, was Du hörst, wird zunächst einmal einfach nur gehört. Entscheidend für Dich als Person ist, wie es auf Dich wirkt, ob Du es gut oder schlecht findest. Aber letzten Endes bedeutet es Dir nichts. Denn wenn es Dir wirklich etwas bedeutet, wirst Du zu der Bedeutung. Dann erschließt sich Dir die Bedeutung in diesem Leben, ganz direkt. Damit wird Dein Leben zu einem kreativen Prozess, der sich an sich selbst erfreut und immer wieder neue Ausdrucksformen findet. Von selbst. Allein durch die Bereitschaft, dieses Leben wirklich zu erleben.

Allein bin ich nichts. Als zwei bin ich die Vereinigung und damit das, was ich bin: Leben, lebendiger Impuls, der unbedingte Wille zu(m) Leben. Als zwei finde ich in den Ausdruck und werde zur sich selbst erlebenden Möglichkeit. Und damit zu meiner Lebenswirklichkeit.

"Ich bin eins mit mir." – Die Beiden sind eins. Das können sie aber nur verwirklichen, weil sie sich gegenseitig erscheinen. Ich erscheine mir. Ich befinde mich als Verkörperung im Raum, der mich umgibt. Ohne diese Beiden kann sich das Eine nicht selbst in Erfahrung zu bringen.

Jede Erfahrung, wie hoch und heilig sie auch sein mag, geht aus der Zwei hervor. Die Zwei führt zur Vereinigung mit sich selbst und wird dadurch, was sie ist. Einig! – Eine mit sich selbst übereinstimmende Welt, in der niemand mehr etwas von sich selbst abspaltet!

Final sieht und erlebt die Zwei, dass sie eins und einig ist und alles als sich selbst erlebt. Die Zwei ist heilig, sie ist der heilige Bund, der als der unbedingte Wille des Lebens zu sich kommt. Als reiner Selbstempfang.

ERWACHTE LIEBE

Ich tauche ein in Dich, Du tauchst ein in mich. Das Leben, wie es durch mich fließt, begegnet dem Leben, wie es durch Dich fließt. Ohne Widerstand, ohne Reibung, ohne hängen zu bleiben.

Ein Raum maximaler Offenheit ermöglicht eine Begegnung, ein Tanzen. Eine Begegnung, die sich unmittelbar verschenkt, wie eine sich selbst formierende Wolke aus Nähe, Wollen, Neugier, Resonanz und der Bereitschaft zur Annahme all dessen, was sich zeigen will.

Du bist von mir verschieden, aber nichts anderes als ich. Ich atme Dich ein, ich atme Dich aus.

Ich fühle Dich in mir, als mein Gefühl für Dich. Ich fühle mich durch Dich. Du fühlst Dich durch mich. Ich öffne Räume für Dich und male die Wände hell und leuchtend. Ich halte den Raum, in dem Du Dich entfalten kannst, als das Erblühen unserer Begegnung. Was sich zeigen will, darf sein.

Nichts wird ausgeschlossen.

Schenk mir Deine Freude und ich ziehe sie an wie ein Kleid aus Spinnweben, das mich erleuchtet. Schenk mir Deinen Schmerz und ich versinke mit Dir im Bodenlosen der roten Tiefe. Wir hüllen uns ein in das unmittelbare Erleben der pulsierenden Lebendigkeit, die uns bewegt und einander durchdringen lässt.

Du hältst mich, ich halte Dich, eine einzige Bewegung, schwerelos, ohne Anspruch, ohne Träume.

Ich sehe mich. Du siehst Dich. Das Sehen erkennt sich in der Tiefe selbst als wir. Es zeigt seinen Ausdruck durch uns in Zeit und Raum, vor dem Hintergrund schattenloser Seligkeit, dem Netz aus transparenten Fäden, klarer, reiner Wirklichkeit.

Wie anmutig schwebende Quallen, vollkommen, jede für sich, gleiten wir gemeinsam in den Tiefen der heiligen Gewässer unserer Anziehung, die uns magnetisiert, die uns elektrisiert. Im heiligen Spiel der Hingabe explodieren wir hinein in den anderen und erschaffen neue Welten aus freier Improvisation, schutzlos, haltlos, in tiefer Leidenschaft dem Ungewissen untertan.

Heilig und ernst, verspielt und frei, in absoluter Freiwilligkeit einander zugetan.

Unendlich verbunden, im Wandel der Gezeiten.

UNMITTELBARES SELBSTERLEBEN –
DER VOGEL IST SEIN FLUG

Wie fliegt ein Vogel? Wie macht er das? Er weiß es nicht, er fliegt einfach – und wie! Im Vergleich zu einem Vogel verfügen wir Menschen über ein mehr als simples Navigationssystem. Und wir brauchen auch kein besseres, weil wir uns lediglich in der Ebene bewegen. Der Vogel hingegen manövriert mit atemberaubender Geschwindigkeit und mit einer unbeschreiblichen Kunstfertigkeit durch den Raum. Im Raum ergeben sich millionenfach mehr Möglichkeiten als auf dem flachen Land und damit gibt es natürlich auch sehr viel mehr Möglichkeiten, Fehlmanöver zu vollziehen.

Wer ist in seinem Leben nicht schon einmal gestolpert oder gefallen? Aber hast Du jemals einen Vogel gesehen, der im filigranen Geflecht der Äste hängenblieb oder der nach einem atemberaubenden Sturzflug auf den Asphalt schlug? Erschwerend kommen Winde hinzu, sich verschiebende Luftmassen, die die gesamte Situation augenblicklich verändern und damit unvorhersehbar machen. Für den Vogel ist das alles kein Problem, da er eins ist mit seinem Bewegungsraum. Da ist einfach niemand, der „als sein eigener" Vogel nachdenken oder vorwegnehmen müsste, was sich uns als Vogel im Flug *darstellt*. Für den Vogel ist er sein Flug. Ein Erleben, das in keiner Weise von sich getrennt ist. Sehen, Koordination, Bewegung und Raum zerfallen hier nicht in unterschiedliche, voneinander getrennte „Dinge", sondern greifen als „Flug des Vogels" ineinander. Nein, sie greifen nicht ineinander, sie sind das Eine, das sich als Flug demonstriert. Eine vollkommene Übereinstimmung. In Echtzeit.

Und was sieht der Mensch? *Einen* Vogel *am* Himmel, *einen* Vogel, *der* fliegt. Im Menschen zerfällt das, was eins ist, in eine Zweiheit. Das macht ihn bewusst. Das Eine begreift das andere. Ich begreife mich – und werde mir dadurch fremd. Für den Menschen sieht es meistens so aus, als ob *jemand etwas* tut. Doch sobald da jemand ist, bekommt er mit sich selbst ein Problem. Ganz einfach, weil es ihn gibt. Weil er den Eindruck hat, auf sich einwirken zu können. Damit verliert sich der Mensch aus der Unmittelbarkeit des Geschehens und kristallisiert gedanklich zu etwas – zu sich als Person. Und diese Person mischt sich dann ins Leben ein. In ihr Leben! Sie greift vorschnell ein. Weil vorschnell in sie eingegriffen worden ist.

Und plötzlich heißt es: Was soll ich tun? Was stelle ich mit meinem Leben an? Mache ich es gut? Werde ich gesehen? Das geht besser! Das macht mir keinen Spaß. Warum immer ich?! – Bewusstsein, das im Zustand der Spaltung verbleibt und nicht einsieht, dass es in Form von „etwas" vor sich aufgetaucht ist, fängt früher oder später an, an sich zu leiden. Es muss sich irgendwann zu viel werden.

Deshalb entwirft der Mensch unglaubliche Strategien, um es besser mit sich aushalten zu können. Er versucht, sich auf absurde Weisen unterhalten zu lassen, um sich von der „Tatsache" des eigenen Vorhandenseins abzulenken. Dasselbe kann er natürlich auch durch Arbeit, Selbstdisziplin, religiöse und spirituelle Überzeugungen bzw. Systeme und dementsprechende Praktiken, durch Drogen, exzessiven Sport oder ähnliches erreichen. Dabei weist der Schmerz lediglich darauf hin, dass ich mir in der von mir erfahrenen Form zu viel bin. Ich bin mir zu viel, weil ich einer zu viel bin. Ich, als gedankliche Imagination!

„Ich bin mir zu viel" – das lässt sich verwirklichen! Und diese Einsicht verändert etwas, weil ich dann keine neuen Nebelbomben werfe, nicht mehr nach neuen Strategien suche und Ablenkungsmanöver als solche durchschaue. Ich habe einfach kein Interesse mehr daran, dieses Selbstempfinden immer wieder nur mit quälend bunten Farben zu übermalen.

Jetzt will ich ihm auf den Grund schauen. Ich will nicht mehr effektiver mit mir umgehen und mehr in meinem Leben erreichen. Nein, jetzt geht es zunächst einmal um das schlichte Eingeständnis, dass ich mich hilflos an etwas ausgeliefert fühle, was mich limitiert. Ich leide nicht an dem, was ich in Wirklichkeit bin, sondern daran, was ich in mir und der Welt zu sehen glaube. Jetzt fange ich an zu sehen, was ich glaube. Mein Glaube ist mein einziges Problem! Mein Glaube limitiert mich. Das, was ich von mir und der Welt halte, ist das, was ich mir über mich und die Welt erzähle. Es trennt mich von mir und der Welt.

Der Vogel, der Flug und der Raum, in dem sich der Flug vollzieht, sind eins – und genau so wird es vom Vogel erlebt, der nichts von sich weiß, weil er eins mit diesem Selbsterleben *ist*. Direktes Selbsterleben ist die Natur „von allem". Es kann keine Probleme hervorrufen, weil es sich direkt verwirklicht. Als kosmischer Tanz, der als Vogel in Echtzeit durch sich selbst fliegt. Als reines Selbsterleben, das kein Außen kennt und kein Innen hat. Diese Einsicht überwältigt mich und macht mich bereit für ein Leben, das sich selbst entdeckt.

DIE HOCHFEINE FREQUENZ
DES PUREN LEBENS

Direktes Selbstempfinden bedeutet, ganz nackt vor sich selbst zu stehen.

Zieh Dich aus, bis auf die Haut. Entblöße Dich vollkommen und dann entschlüpfe auch ihr. Du kannst Dir so nah kommen, dass keinerlei Trennung mehr in Dir spürbar ist. Da ist niemand mehr, der über Deine Gefühle nachdenkt, sie abwägt, bedenkt, kritisiert, betrachtet. Da sind nur Gefühle, Gedanken, Empfindungen. Sie tauchen auf und wieder ab.

Es geht um Dich in Deiner freiesten Form. Um Dich, jenseits dessen, woran Du Dich bewusst und unbewusst gebunden glaubst. Dein Eigenklang, Deine Frequenz, Deine Schwingung sie sind so pur, so rein, sie sind immer erfahrbar, wo Du wahrhaftig bist. Werde zutiefst ehrlich zu Dir selbst. Damit übertrittst Du die Schwelle, die Dich in ein neues Land führt.

Du wirst zum liebenden Erforscher Deiner Wirklichkeit. Ein Erforscher, der über sich selbst hinaus geht, indem er zutiefst in sich eindringt, frei von Meinungen und Annahmen. Offen für das, was ihm begegnet ...

Wir sind normalerweise verliebt in unsere Selbstbilder – Vorstellungen, die uns begrenzen und klein denken. Sie enttarnen sich als analytischer Verstand, der sein Spukwesen treibt, wendig, von giftigen Urteilen infiziert und sich selbst verherrlichend. Hier ist immer was los! Das ist aufregend, auch wenn wir zutiefst darunter leiden.

Stille, jene unerhörte Macht, die in uns einzieht, wenn wir uns halten können in der kristallklaren Präsenz müheloser Anwesenheit – Stille ist das Fenster in das Kostbarste, das wir erleben können.

Stille ist die Nacktheit, das Nichtgetrenntsein von Dir selbst, das es braucht, um wahrzunehmen, was es bedeutet, in Deinem Leben anwesend zu sein. Durchsichtig für die Wirklichkeit. Und Liebe braucht es, um diese durchlässige Nacktheit zuzulassen. Wir brauchen nackte Augen, um das Leben, wie es sich wirklich zeigt, lesen zu können. Dann sehen wir seine Prinzipien überall demonstriert, als offenes Geheimnis.

Die tiefste Qualität in Allem wird erfahrbar durch Überwältigung. Erst wenn mich das echte Leben überwältigt, erst wenn ich meine alten, überholten, Leid verursachenden Vorstellungen aufs Schafott trage, erst wenn mein Kopf rollt, der schwere, vollgestopfte Kopf, erwache ich zu jener heiteren, inspirierten und vitalen Unbedarftheit, die in der Haltlosigkeit eines von Selbstbildern befreiten Innenraumes gründet.

Dann entdecke ich ein Land, in dem jeder Winkel von mir durchdrungen ist. Hier existiert nichts außerhalb von mir. Hier sehe ich Dich und erkenne mich in Dir als unverwechselbare Perspektive auf mich selbst. Die Welt vor meinen Augen entpuppt sich als Welt in mir, von mir projiziert, um mich als einzigartigen Ausdruck von Existenz zu erleben.

Pure, frei schwingende Existenz ist das zentralste Empfinden von Nähe, ohne ihrer zu bedürfen. Es ist das Ziel auf der Zielscheibe. Es ist der Punkt, zu dem sich alles verdichtet, wenn Du durch die Schwere Deiner problemhaften Leidnatur brichst. Du explodierst hinein in einen sich erweiternden Raum voller Möglichkeiten und Wunder. Du bleibst unfassbar, trotz der Konkretheit Deines Erscheinens.

Je größer Dein Interesse für Dich in freier Form ist, umso leichter wird es Dir fallen, Dich fallen zu lassen als das alte, überholte, ständig wiedergekäute, ewig nach billigen Auswegen suchende, sich vor sich selbst ängstigende, träge Bündel an Glaubensmustern und Vorstellungen, das in sich selbst niemals einen göttlichen Funken finden wird.

Dieses träge Bündel kann die Schönheit um sich herum nicht erkennen, solange es an sich selbst als Problem festhält und sich mit Erklärungen und Definitionen über sich und die Welt selbst immer wieder beeindruckt.

Nur das unverstellte, das reine, hoch schwingende Lebendikum in Dir, dass nach sich selber ruft, als zärtliche Idee von lichter Herrlichkeit, die leise durch alles Leben wispert, bietet Dir die Führung an, um über Dich selbst hinauszufinden. Es ist in jedem von uns angelegt. Allein der eine Funke Interesse über das übliche Maß hinaus macht den Unterschied. Erst wenn Du in Dir zündest, wird sich zeigen, wie sehr Du diesen endlosen, vibrierenden, schmelzenden Kuss des Lebens wirklich willst.

WER HAT EIN BILD VON SICH ENTWICKELT?

Lass Dir nicht einreden, wer Du bist oder nicht bist. – Auch nicht von Dir selbst! Kannst Du erkennen, dass es bestimmte Gedanken besonders leicht mit Dir haben? Sobald sie auftauchen, haben sie Dich. Ein kurzer gedanklicher Impuls genügt, um ein Szenario heraufzubeschwören und Dich in den entsprechenden energetisch-emotionalen Zustand zu versetzen.

Ohne es zu wissen, bist du süchtig danach geworden. Wenn Du Dich so fühlst, bist Du in Deiner Welt, dann weißt Du "Bescheid". Identifikation wirkt sich ungesehen auf Dich aus und ruft Dich immer wieder in der Dir bekannten Form hervor.

Doch was hast Du mit *dieser* Form des Selbsterlebens zu tun? Das ist die Frage! Bist Du nichts weiter als das, was sich zwanghaft als Du vollzieht? Bist Du nichts als ein sich unablässig selbst reaktivierendes System, das kein Einsehen in sich hat?

Dieser Organismus hat ein Bild von sich entwickelt, das sich unentwegt selbst bestätigt. Die Dir "eingeimpfte" Sicht auf Dich und die Welt führt sich immer wieder auf. Aber haben Gedanken wirklich die Macht, dich zu bestimmen – oder hast Du ihnen Macht über Dich verliehen? Und weißt Du, wie Du ihnen immer wieder Macht über Dich verleihst?

Was ist dieses Universum anderes als das, was Du in ihm siehst? Es ist auch alles andere. Aber nicht für Dich. Eine Version des Universums vollzieht sich als Du. Als Dein "Standpunkt". Als Deine Weltsicht. Wenn Du bleiben willst, wie Du bist, musst Du nur weiterhin glauben, dass Du Dich bereits kennst.

Dein Wissen über Dich legt Dich fest. Es unterdrückt Dich als ungeahnte Möglichkeit.

SCHATTEN DER ANGST

Überwältigt von der Lebensangst,
atemlos, verharrend in der Starre, bin ich als Schatten
hinter dem Gefahrenschild.

Die Hände zitternd vor den Augen – nur nicht sehen
diese fürchterliche Schreckensfratze, tiefstes Todesbild.

Das Leben macht mir Angst, sagt jene Angst
die mir die Sinne raubt und tief im Herzen
Löcher brennt, in die ich haltlos falle …

Und dann steht etwas auf, inmitten dieser
Feuersbrunst, die mich in sich gefangen hält mit
heißer Lebenswut.

Es weitet sich in jene Größe, die sich schweigend
in die Gluten wirft und tief verschmilzt mit
der Bedrohung, die mich ganz zunichte macht.

Und hier erwacht, aus sich heraus, ein stilles Sehen.
Ein Flussbett aus Betrachtung ist, was ihm entwächst.
Unerschrocken lässt es alles durch sich gehen, was
vorher furchterregend durch die Adern schoss.

Der Sturm, er legt sich still hinein, in dieses Bett,
das stummer Zeuge ist von einem Traum,
der mich nicht mehr erreicht und doch sein Bild
in sich bewacht.

Sehend, schweigend, lassend, gebe ich mich hin an jenen
stummen Tod, der mich lebendig macht.

WENN DIE ENTSCHEIDUNG GEFALLEN IST ...

Diese Entscheidung fällt nicht, wie Würfel fallen. Diese Entscheidung hat nichts Zufälliges an sich. Ihr liegen keine „fremden" Kräfte zugrunde. Diese Entscheidung ist die einzige in Deinem Leben, die Du erst treffen kannst, wenn Du absolut bereit für ihre Verwirklichung bist! Jetzt bist Du wirklich bereit, Dich für das Leben zu entscheiden. Genauer gesagt für Dein Leben. Für Dich!

Der Bereitschaft für Dich geht eine Einsicht voraus, die umfassender nicht sein kann: Final gibt es nur das, was ich erlebe. Ich habe niemals etwas anderes erlebt als mich selbst. Nur war mir diese Tatsache nicht wirklich bewusst. Alles, was ich getan habe, alles, was ich gedacht, gefühlt und erlebt habe, hat sich in mir und damit als ich vollzogen. Mein Erleben hat mich in der mir bekannten Form hervorgebracht. Und jetzt erkenne ich, dass mich mein bisheriges Erleben nicht mehr repräsentiert und nicht mehr repräsentieren kann. Warum? Weil vieles an meinem Erleben unecht war, antrainiert, unbewusst, vollkommen zufällig. Es hat sich als ein Leben vollzogen, mit dem ich nicht wirklich etwas zu tun habe, obwohl ich es (er)leben muss. Und genau das ist mir jetzt nicht mehr möglich.

Ich habe entdeckt, dass dieses Leben nicht mit mir übereinstimmt – und gestehe mir diese Entdeckung jetzt unwiderruflich ein. Ich habe ein Leben gelebt, das sich überlebt hat. Ich lebte als Relikt meiner selbst, wie hinter Glas, wie ein Ausstellungsstück, das sich nicht bewegen darf, um das Arrangement nicht durcheinander zu bringen. Ich lebte das Leben eines lebendigen Toten. Eines Toten, der noch atmete, aber nicht mehr oder noch nicht wusste, dass er *wirklich* atmet, der nicht mehr oder noch nicht wusste, dass dieser Atem alles belebt. Alles! Jede Illusion und jeden echten Aufbruch.

Wenn die Entscheidung fällt, bedeutet das: Ich stelle mich dem Leben nicht mehr in den Weg. Ich lasse mich zu und erlaube mir, auf meine Weise zu mir zu kommen, zu mir zu werden. Und ich weiß nicht, was das bedeutet. Ich weiß nicht, wohin das führt. Das ist auch gar nicht mehr, wonach mir der Sinn steht. Ich will mich nicht mehr wissen, mich nicht mehr beschreiben und vorwegnehmen, ich will mich nicht mehr für die Zukunft verplanen, sondern in aller Konsequenz erleben und aushalten. Deshalb ziehe ich es nicht mehr in Betracht, mich um anderer Vorteile Willen zu übergehen. Überhaupt geht es mir nicht mehr um Vorteile sondern um das, was von selbst aus mir heraus will. Damit fällt auch die Angst weg, mich falsch entscheiden zu können.

Dieses Klein-Klein, dieses ewige Hin und Her auf der Ebene von Entscheidungen hat mich immer wieder paralysiert und wie gelähmt verharren lassen. Dieses „Was soll ich tun?" „Wie geht es weiter?" hat mich übersehen lassen, dass es in Wirklichkeit um etwas ganz anderes geht: Es geht um mich – als Lebenswirklichkeit! Und diese Lebenswirklichkeit entfaltet sich ganz von allein, wenn ich mich dem Leben überlasse.

Das ist die Entscheidung, die sich irgendwann nicht mehr vermeiden lässt: Die Entscheidung für Dich selbst! Aus Einsicht und nicht als Kompromiss! Du entscheidest Dich für Dich selbst. Dann ist da niemand mehr, der glaubt, sich kontrollieren und lenken zu müssen.

Ich weiß weder, wer ich bin, noch, wer ich sein soll. Darum lebe ich. Darum bin ich am Leben: Damit dieses Leben zu meinem Leben wird. Und eben das macht mich bereit, mich diesem Leben zu unterstellen. Jetzt kann ich ihm unmittelbar folgen, statt weiterhin an einen rein vorgestellten Willen zu glauben, der kein Wille ist, sondern die von Angst getriebene Unfähigkeit, wirklich vertrauen zu fassen!

Ich gestehe mir alles ein. Nicht vor mir selbst, sondern als ich selbst. Ich weigere mich, mich länger als zwei zu begreifen. Als jemanden, der über sich in Form des anderen wacht. Als Selbstankläger. Als jemand, der sich selbst bestätigt. Als Stolz. Als Scham. Denn wirklich, auf wen sollte ich stolz sein? Und für wen sollte ich mich schämen?

Wenn ich erkenne, dass ich immer im Werden begriffen bin, brauche ich kein Bild mehr von mir und keine Definition. Ich erkenne vielmehr, dass mich alle Bilder und Definitionen angeklagt haben: So bist Du! Das bist Du. – Aber so bin ich nicht.

Diese Verwirklichung wird zu Deiner Erfüllung. Sie macht aus Dir einen schönen Menschen. Einen Menschen, der keine Angst mehr vor sich hat und deshalb nicht mehr auf die Idee kommt, sich oder andere schuldig zu sprechen. Die Verwirklichung, dass Du nicht so bist, wie Du Dich gesehen, geglaubt und gedacht hast, macht aus Dir einen Menschen, dem nichts anderes mehr übrigbleibt, als ehrlich zu werden – ehrlich und vollkommen echt.

Die Bereitschaft, wirklich in den Raum zu treten und Dich darin wahrzunehmen, als Deine Welt, macht es Dir unmöglich, Dich weiterhin in eingebildeter Form zu bedenken. Schließlich spürst Du jetzt ganz unmittelbar am eigenen Leib, was es heißt lebendig zu sein. Und Du spürst, dass Du lebendig sein willst. Das ist die lebendige Verwirklichung, die als Wirklichkeit zu sich kommt.

EIN EINZIGES ERWACHEN ZU SICH SELBST

Vor dem Fenster schneit es. Ich trinke Kaffee. Das Rührei ist kalt. Die Tomaten glänzen auf dem Teller, die Gurke ist in Käse getaucht. Es ist still, bis auf die Uhr, die tickt. Ich blicke hinaus, durch das beschlagene Glas. Ich spüre die Stille der Schneeflocken, die aufeinander fallen, bis eine lockere Schneedecke auf dem kalten Boden entsteht. Ich bin anwesend.

Ich spüre: Es gibt nichts, außer Gewahrsein. Die große Anwesenheit. Im Schnee, dem alten Walnussbaum, der Straße, den Blättern ... überall ... Alles ist von ihr durchdrungen. Alles. Alles erscheint in ihr. Die Dinge erscheinen in dieser unfassbaren, intimen Anwesenheit, im alles umspannenden, unauffindbaren „Hier". Ein gigantischer Gedanke, in Trilliarden Splitter zerfallen. Ein undenkbarer Gedanke, der sich selbst durch alle Augen seiner Erscheinung betrachtet. Je mehr Augen sich ihm eröffnen, um so leuchtender erscheint er. Er erleuchtet sich selbst.

Je stiller es in mir ist, umso deutlicher sehe ich die Kleinheit meiner bisherigen Vorstellungen von mir und der Welt. Umso klarer sehe ich das Gefängnis, indem ich mich verschlossen hielt.

Je weniger ich weg will, weg vom jetzigen Augenblick, von „hier", umso klarer erkenne ich das falsche Spiel, das ich mit mir getrieben habe:

Die Flucht vor mir selbst, als vollkommene Facette des einen unbeschreiblichen Gedankens, der sich durch das hier lokalisierte Gewahrsein selbst erblickt.

Die Splitter sind vereint. Die Auflösung meiner scheinbaren Begrenztheit, mein Erwachen zu mir selbst, ist Teil eines gigantischen Blumenmeeres, dessen Blüten sich nach und nach in der Sonne entfalten, um sich selbst in ihr zu erkennen. Übrig bleibt einzig ein gleißendes, alles irisierendes Erkennen. Das göttliche Strahlen. Die reine Lebendigkeit, von sich selbst vollkommen durchdrungen. Das zu sich selbst erwachte Wachsein.

Ich trinke meinen lauwarmen Kaffee, esse vom kalten Rührei, blicke auf den Schnee vor dem Fenster und bin erfüllt von einem stillen Lächeln. Es weitet sich zu einem universellen Lächeln, hocherfreut an seiner eigenen Anwesenheit.

MAXIMALE SELBSTENTFALTUNG

Die Natur demonstriert sich als maximale Selbstentfaltung – unter allen Umständen. Überall und unabhängig davon, wie die Bedingungen sind. Schau hin, vertiefe Dich in diese Demonstration, dann wirst Du es unmittelbar erkennen. Das Erkennen der Natur transformiert das Bewusstsein. Unmittelbare Bedeutung wird gesehen. Die Bedeutung vergegenwärtigt sich in Deinem und als Dein Erleben. Sehen bedeutet dann immer öfter unmittelbar sehen. Die schlafende Natur kommt im Bewusstsein zu sich und entdeckt, dass sie sich durch Deine Augen selbst anschaut. Damit wirst Du von der Natur transformiert. Erwarte nicht zu viel von Dir. Träume Dich nicht in erdachte Zustände. Sieh die Träume, sieh die Erwartungen und komme hierher zurück.

Der vor sich hin und von sich selbst träumende Mensch macht sich von der „maximalen Selbstentfaltung" natürlich sofort ein Bild und stellt sich darunter etwas Großartiges vor. Diese Vorstellungen sind es, die den überwiegenden Teil unseres Leids hervorrufen. Wir leiden an einer Vorstellungswelt, die mit unserer Lebenswirklichkeit wenig zu tun hat. Wir stellen uns vor, wie wir sein würden, wie die Umwelt auf uns reagieren würde, was für uns möglich wäre, wenn – und erschaffen damit unentwegt mentale Konjunktive, die uns in unserer aktuellen Version völlig übersehen. Übersieh Dich nicht! Das hat nichts mit Selbstentfaltung zu tun. Im Gegenteil, es verhindert sie selbst dann, wenn die Umstände geradezu ideal sind!

Du bist ein sich selbst erlebender und bezeugender Lebensprozess und niemand, der so und so ist. Du bist Dir allein deshalb weitgehend unbekannt, weil alle Deine Bilder und

Überzeugungen aus der Vergangenheit kommen. Wenn Du zum ersten Mal in aller Deutlichkeit erkennst, dass Du immer wieder auf dieselben Bilderwelten und Ideen reinfällst, bemerkst Du, was sie in Dir hervorrufen und bewirken. Sie ziehen Dich weg, rauben Dir Kraft, leben auf Deine Kosten und machen Dir vor, dass Du anders besser wärest. *Wer* kann darin einen Vorteil sehen?

Dieses rein mentale Ich, dass alles besser weiß, hat keine Ahnung, wer Du bist. Es weiß nur, wie es Dich sieht. Dabei weiß es nicht einmal, warum es Dich so wahrnimmt. Tatsächlich lebt das mentale Ich nicht aus sich selbst heraus. Es lebt auf Deine Kosten und denkt sich dabei, dass es gern leben *würde*. Unter anderen Umständen, zu seinen Bedingungen. Damit nimmt Dich dieses mechanisch ablaufende Programm überhaupt nicht wahr. Es dominiert Dich.

Vielleicht wohnst Du nur deshalb in einer heruntergekommenen Hütte, weil Du *glaubst*, es darin nicht mehr aushalten zu können. Aber selbst aus der armseligsten Hütte wird ein Palast, wenn darin eine Königin wohnt, die Königin unbedingter Selbstachtung.

Deine Hütte kann also nur dann heruntergekommen sein, wenn Du sie nicht wirklich bewohnst, wenn Du nicht erkennst, dass sie etwas mit Dir zu tun hat. Verstehe, dass nichts so bleiben muss, wie es ist. Halte für möglich, dass Du Dich bisher immer wieder übersehen hast. Aus reiner Gewohnheit. Und wenn das so ist, sieht es so aus, als ob es überall besser wäre als da, wo Du bist. Weil Du nicht wirklich hier bist! Doch, Du bist es. Aber die Instanz, die Dich unentwegt bedenkt, hat etwas anderes mit Dir vor …

DER HÖCHSTE PUNKT DER FREIHEIT

Der höchste Punkt der Freiheit ist gleichzeitig ein Fall in seine Tiefe. Du bist dort frei, wo Du Dich vollständig als Du selbst erlebst. Hier ist der Ursprung von Innen und Außen. Hier verschwindest Du als festgefügte Form, die sich abgrenzen muss von einem Außen, das fremd und feindlich erscheint. Hier kommst Du zu Dir, als Nähe, die sich selbst nah ist.

Das ist das einzige Tor zu jener vibrierenden Unendlichkeit, aus der alle Weisen der Welt ihr Erkennen schöpfen.

Am höchsten Punkt der Nähe erkennst Du die Einheit von Dir selbst und Deinem Erleben. Mit dem Verstand ist das nicht fassbar. Schließe die äußeren Augen und fühle Dich selbst als Anwesenheit in Raum und Zeit. Fühle, was Dich zutiefst bewegt und nutze Deine Bedürfnisse als Trichter Deiner Aufmerksamkeit.

Am unteren Ende des engen Schlundes destilliert sich die Essenz Deines individuellen Lebens. Hier geht es nicht mehr um Bedürfnisse, hier geht es um Ausdruck. Wie drückt sich Dein Wesen aus? Jenseits einer Problemebene, die Dich gefangen hält in einem zu engen Korsett, das Du für Deine tatsächliche Begrenzung hältst?

Nimm Dich ernst. Nimm Dich endlich ernst. Das ist der einzige Weg zu Dir. Freiheit verwirklicht sich durch die Liebe zu Deinem tatsächlichen Erleben. Sie schmeckt sich selbst durch den Schmerz hindurch, den Du Dir immer wieder selbst auferlegst. Bist Du bereit den Frühling zu sehen? Deinen Frühling? Die Knospen, wie sie aufspringen aus schierer Lust am Leben? Ihr ewiges Streben ins Licht, statt in die Dunkelheit?

Bist Du bereit, Dich herauszuschälen aus dem Schatten Deiner Verzweiflung, bereit, zum ersten Mal die kühlen Tautropfen der Ungewissheit auf Deinen zitternden Lippen zu schmecken? Ihre Klarheit, ihre hohe Qualität an unverstellter Eindeutigkeit? Bist Du bereit, eindeutig zu werden? Unzweifelhaft Du selbst?

Hier ist Schmerz, hier ist Trauer, hier ist Freude, Angst und Wut, alle Gefühle, die uns gegeben sind als Schauspiel auf der inneren Bühne unseres Lebens.

Sie alle dürfen sein. Hier ist niemand, der sie zensiert, abspaltet, verteufelt, bewertet, erschießen will ... Hier ist ein Fluss, der mit den Stromschnellen seines Wassers verschmilzt und ewig fließt als Fließen, als Reißen, als Plätschern, Fallen, als Gefühl, Gedanke, als Tat ...

Ich, als Instanz, die für gewöhnlich Einspruch erhebt, schweige in stiller Anwesenheit.

Das ist alles. Das ist atemberaubend.

Das Leben lebt sich durch mich, durch Dich. Es ist Leben, sich selbst dirigierend durch die Gefälle Deines individuellen Geländes, das auf seine Erforschung wartet.

Dieses Leben dringt durch all Deine Poren ans Licht. Der Lebenswille in Dir bestimmt über seine Intensität. Er bestimmt, wie durchlässig Du wirst für ein Ich-Empfinden, das alles sprengt, was Du geglaubt hast, über Dich zu wissen.

Am höchsten Punkt der Freiheit empfängst Du Dich selbst.

GOTT IST DIE MÖGLICHKEIT IN DIR

Das, was Gott ist, das, was Liebe ist, ist die Möglichkeit in Dir. Die Möglichkeit als nichtbesetzter Raum. Nichtbesetzter Raum ist Raum, in dem sich das Leben selbst vernimmt. Als Resonanz. Als sich selbst empfangende Sendung, als sich selbst sendender Empfang. Alles schwingt und durchdringt sich selbst. Keine Grenzen. Schwingend überwältigt es sich – immer wieder. In diesem Augenblick.

Gott ist als universelles Feld, das sich schwingend selbst durchdringt und dabei als unmittelbar erlebte Resonanz verwirklicht. In dieser Begegnung beantwortet sich das Leben ganz unmittelbar. Als reine Liebe. Wo die Liebe „fehlt", wo sie nicht mehr empfangen und vernommen wird, empfange ich mich und die Welt nur noch indirekt, als Reaktion, die mich vom Schmerz der fehlenden Liebe befreien soll.

Meine Reaktionen wollen mich vor der Verwirklichung dieses Schmerzes schützen. Doch solange ich mich schütze, schütze ich mich davor, zu lernen. Dann bestehe ich auf mir, gegen das Leben und gegen die Welt. Trotz des Lebens und trotz der Welt. Ich ziehe mich zurück und schließe mich ein. Ich mache mich ganz klein und glaube, dass diese kleine Abgeschlossenheit ist, wer ich bin. Und weil mir dieser Glaube die letzte Kraft raubt, schließe ich mich immer tiefer in mich ein. Das lässt mich ganz dunkel und schwer sein. Es tut weh und fühlt sich getrennt. Meine Reaktion auf den von mir erfahrenen Schmerz erstickt alles, wonach ich mich in Wirklichkeit sehne.

Bei Licht besehen, erhebt es sich, deutlich und klar, in seiner ganzen Vielfalt und Schönheit. Als Musik, als Farben, als Duft, als Empfinden, als Unmittelbarkeit, als Raum, der sich selbst durchdringt und dabei selbst vernimmt. Der sich selbst durchdringende Raum weint mit sich, er tanzt mit sich, er lacht mit sich. Er ist bei sich. Als ewiges Passieren, das sich selbst erlebt. Als vollkommene Bereitschaft, sich selbst zu erfahren. Als Offenheit, die sich durch diesen Atemzug verwirklicht.

Dieser Augenblick ist die Eröffnung, immer ist er die Eröffnung hinein ins Unbekannte. In eine noch größere Verwirklichung. Kein Schutz, keine Grenzen. Hier wird das Leben zu etwas, was sich wirklich selbst berührt, unablässig sich selber berührt, immer wieder. Hier lache und weine ich mit mir selbst, um mich selbst. Und lerne und lerne und bin bereit. Und entdecke immer mehr, dass es zwischen mir und der Liebe, zwischen mir und Gott, zwischen mir und dem Leben keinen Unterschied gibt.

Ich verliere mich als Reaktion und komme auf ungeahnte neue Weise zu mir: als Tanz, der sich selbst tanzt, tanzend. Als Resonanz. Kein anderer mehr, keine Schuld, keine Fremdheit. Keine Reaktion. Der Augenblick bietet ganz andere Möglichkeiten. Er ist die Möglichkeit. Und Möglichkeit bedeutet Licht. Erkennen. Bereitschaft.

Diese Möglichkeit ist, was das Leben ist. Diese Möglichkeit möchte sich selbst erschließen und ergründen. Diese Möglichkeit führt über die Enge und den Schmerz hinaus, hinein in die Unmittelbarkeit, in der das Leben als Wirklichkeit zu sich kommt.

Es gibt zwei Möglichkeiten: Von der Liebe zu träumen und Liebe zu leben. Wenn ich von der Liebe träume, dann mache ich mir immer wieder etwas vor. Dann male ich mir immer wieder etwas aus, dann werde ich immer wieder enttäuscht und fühle mich immer wieder allein. Dann stoße ich immer wieder auf mich in Form von etwas absolut Bekanntem. Dann stoße ich immer wieder auf mich, so wie ich mich kenne – und habe keine Möglichkeiten. Dann verbrenne ich nicht und bleibe was ich bin: Eine Reaktion auf das Leben, die sich im Leben nicht erkennt. Eine Reaktion, die nichts anderes kann, als sich selbst zu schützen. Dann führe ich ein Leben im Überlebensmodus, einen ewigen Kampf gegen mich und die Welt.

Es gibt also überhaupt nur eine Möglichkeit und diese Möglichkeit liegt in der Liebe, in Gott. Diese Möglichkeit ist die Liebe, ist Gott. Und ich kann diese Möglichkeit verwirklichen. Ich kann sie in der Unmittelbarkeit entdecken und spüren, dass sie alles hindurchlässt. Die Liebe hält nicht fest, sie schuldigt nicht an, sie macht nicht klein. Sie lässt zu und durch und sieht und spürt. Schönheit, die sich selbst erkennt. Nichts dahinter, nur die Schönheit selbst, die erkennt.

Liebende Augen, die in liebende Augen fallen. Die Bereitschaft zu erleben. Absolute Bereitschaft, Gegenwärtigkeit, Präsenz. Erkennen. Ein Fallen, ein immer weiter, immer tiefer fallen. Gott ist als Bodenlosigkeit, als Bodenlosigkeit der Liebe, die sich fallend vertieft. Und empfängt. Reine Resonanz.

WILLKOMMEN IN DEINEM LEBEN!

Aus dem Geburtstagsbrief an meinen Sohn, der 21 Jahre alt geworden ist:

So ein Geburtstag hat was für sich, weil er Dich immer wieder daran erinnert, dass Du als Geborener wirklich werden kannst. Das ist Dein Leben. Es will zu Dir werden. Es will Dich erfüllen und Dir zeigen, was es eigentlich ist.

Damit dieses Leben in Erfüllung gehen kann, braucht es Mut. Den Mut, wirklich zu Dir kommen zu wollen, den Mut, wirklich zu Dir zu stehen, wirklich mitzukriegen, was sich in Dir bewegt, was als Du will, was durch Dich will ...

Niemand kann Dir eine Richtschnur sein, niemand kann Dir sagen, worum es in Deinem Leben geht. Deshalb lebst Du ja – als Du selbst. Um Dein Leben in Erfahrung zu bringen. Um es wirken zu lassen. Um es zu verwirklichen, d. h. um zu begreifen, dass Du letzten Endes keine andere Wahl hast, als ganz Du selbst zu werden. Nicht zu einem Bild von Dir, sondern zu den Lebensimpulsen, die sich in Dir durchsetzen wollen.

Geboren werden kannst Du immer wieder nur heute. Heute ist der Tag, um den es geht. Gerade fließt das Leben durch Deine Adern. Du spürst Dich. Und wenn Du Dich wirklich spürst, wenn Du wahrnimmst, dass Du wirklich bist, ist Dein Geist inspiriert. Dann wirst Du zu einem Menschen, der sich nicht mehr vor sich selbst fürchtet und sich selbst nicht mehr unterdrückt. Das ist eine unglaubliche Entdeckung!

Du hast anderen Macht über Dich verliehen. Ohne es zu wissen – bevor es Dich als eigene Wirklichkeit „gab". Diese Macht will jetzt zu Dir kommen. Und Dich ermächtigen.

Durch die Rückkehr zu Dir selbst kommt die Furchtlosigkeit zu sich. „Fürchte Dich nicht", ja, nur die Furcht hält uns zurück! Sie macht aus Löwen Schafe, aus Schwänen Enten und aus mir als reiner Anwesenheit eine an sich selbst zweifelnde Person.

Nur die Furcht hält Dich zurück. Sie deformiert einen klaren Lebensimpuls in einen unerträglichen Lebenskompromiss. Und dieser Lebenskompromiss kann niemals zu dem werden, was Du in Deinem Herzen bereits heimlich vernimmst!

Willkommen im Leben!

Aus der Antwort meines Sohnes:

Ja Du hast recht – Mut ist nötig, damit das passiert, was passieren will. Mut habe ich früher eine geringe Bedeutung zugesprochen, weil ich ihn nah am Wahnsinn sah und ihn auch fürchtete. Zudem fand ich es merkwürdig, etwas aktiv zu tun, ohne den Ausgang einschätzen zu können – ich war einfach nicht mutig. Doch mittlerweile fange ich an, Mut zu spüren, und mit dem Mut kommen auch Ruhe und Zuversicht. Keine Zuversicht, dass alles „besser" wird, sondern, dass alles so kommt wie es kommt und dass das auch gut so ist. Und so fange ich an, den befreienden Weg Richtung Furchtlosigkeit zu gehen und mein Leben im unmittelbaren Augenblick zu spüren.

Wie das Leben gestern war und wie es morgen sein wird sind Gedanken, die seltener werden. Überhaupt werden Gedanken seltener, sie beschallen mich nicht mehr mit einer solchen Intensität, wie sie es sonst getan haben. Und so schenke ich dem, was sich mir zeigt mehr Aufmerksamkeit. Ich fange an, meine eigene Lebendigkeit zu spüren und mich an ihr zu erfreuen. Dabei versuche ich, möglichst präsent zu sein.

In Resonanz mit dem Leben

Das Leben ist ein reiner, sich selbst generierender Entdeckungsprozess, der gleichzeitig Motor für seine Weiterentwicklung, im Sinne einer fortschreitenden Ausdifferenzierung, ist. Wir können diesen Prozess auf allen Ebenen beobachten, er demonstriert sich permanent, vor unseren Augen.

Seit etwa 4,6 Milliarden Jahren existiert die Erde, der Homo sapiens seit etwa 300 000 Jahren. Betrachten wir die Vielfalt der Natur und ihre Entwicklung, wird schnell klar, warum die Entwicklung menschlicher Intelligenz – ich könnte auch sagen menschlichen Bewusstseins – seit ihrem Auftauchen so rasant fortgeschritten ist. Bewusstsein dient dem Zweck der Selbstentdeckung.

Zu allen Zeiten haben sich Menschen Fragen gestellt. Fragen nach dem Ursprung der Welt, nach den Lebensgrundlagen, nach dem Anfang, dem Erhalt und dem Ende allen Lebens. Diesen Fragen sind alle Wissenschaften und Glaubenssysteme entsprungen. Forscher früherer Zeiten haben oft ihre komplette Lebenszeit einzelnen Fragen gewidmet und deren weitere Erforschung ihren Schülern in die Hände gelegt. Nur durch diese Zusammenarbeit über viele Generationen hinweg konnte sich Bewusstsein immer weiter ausdifferenzieren und die Welten entdecken, die wir heute kennen.

Vom Jäger und Sammler zum Raumfahrer oder IT-Spezialisten der Moderne ist lächerlich wenig Zeit vergangen im Verhältnis zur Existenz der Erde ohne menschliches Bewusstsein. Auf sich selbst konzentrierte Intelligenz entdeckt sich permanent selbst, und je stärker sie sich konzentriert, um so freier sie in der Selbstbetrachtung sein kann, desto schneller schreitet die Entwicklung fort.

In früheren Zeiten waren es einige wenige bedeutende, universell interessierte und gebildete Forscher, deren Neugier an der Entdeckung extrem groß gewesen sein muss. Ihr Forscherdrang führte uns beispielsweise vom Weltbild des statischen Universums zu dem uns heute bekannten Weltbild des dynamischen Universums, das sich als Evolution vollzieht.

Heute kann man beobachten, dass immer weniger geniale Einzelgänger geboren werden und sich stattdessen immer mehr interessierte Geister zusammentun und gemeinsam Forschung betreiben. Gemeinsam geht es immer schneller.

„Nullius in verba " ist das Motto der Royal Society, der nationalen Akademie der Wissenschaften im Vereinigten Königreich. „In niemandes Worten" lautet die Übersetzung und meint, dass ihre „Fellows", wie die Mitglieder genannt werden, die ersten Wissenschaftler waren, die sich nicht mehr darauf verließen, Autoritäten zu zitieren und deren Aussagen als Wahrheiten zu akzeptieren. Sie suchten ihre eigenen Antworten und begründeten in der 1660 gegründeten Society eine experimentelle Wissenschaft, die sich einem offenen Geist verschrieb, der lieber „selber nachsah", als alte Wahrheiten nachzubeten. In der damaligen Zeit leitete dies einen ungeheuerlichen Paradigmenwechsel ein. Große Forscher wie Isaac Newton und Edmond Halley waren Mitglieder.

Wir sind heute an einen Punkt gekommen, an dem sich immer deutlicher zeigt, dass neben der Erforschung des äußeren Lebensraumes, die Erforschung des inneren Raumes, die innere Wissenschaft der Selbsterforschung eine immer größere Bedeutung gewinnt.

Es ist für mich unfassbar berührend, in einer Dokumentation millionenfach vergrößerte Proteine dabei zu beobachten, wie sie auf der Doppelhelix der DNA, die die Urinformation unserer körperlichen und geistigen Erscheinung in sich trägt, von einem Ende zum anderen laufen und ihr kurzes Leben lang einen Lebensbaustein von A nach B tragen. Dabei stehen sie in permanentem Austausch miteinander. Es berührt mich, denn diese Prozesse laufen in mir selbst ab! Ich bin Herberge und Teil dieses Ablaufes. Milliarden von mikroskopischen Lebewesen bewohnen mich, genauso wie ich neben Milliarden anderer Lebewesen lebe und im Austausch mit ihnen stehe.

Wir hängen alle voneinander ab und beeinflussen uns gegenseitig auf die vielfältigste Weise. Ein Blick ins Universum und dessen unbegreifliche Ausmaße lässt mich staunen wie ein Kind, wenn mir ebenso klar wird, dass es in meinen Körperzellen genauso aussieht wie in einem Galaxienhaufen, und die Entfernungen und Prozesse denen im großen Maßstab überaus ähnlich sind.

Das Leben ist unfassbar schön, vielfältig und groß. Es ist unbedingt an sich selbst interessiert und will nichts als sich entfalten, entdecken und in diesem Prozess – kreieren. Das ist es, was ich täglich in meinem Umfeld beobachten kann. Ich sehe es in der einzigartigen Ausformung eines Blattes am Baum, in der Verwandlung von Schnee in Wasser, in der täglichen Selbstentdeckung meiner Kinder, in den verschiedensten Formen der Pflanzen und Tiere, im Flug eines Vogels, in den wallenden Formen der Wolken, in der Schwärze meiner Pupille, die in die dunkle Unendlichkeit des Raumes führt ...

Diese mysteriöse Fülle demonstriert sich überall vor meinen Augen. Es macht mich glücklich, sie wahrzunehmen, es macht mich glücklich, mich selbst darin als unerforschtes Land zu entdecken und dem, was sich mir zeigt, bedingungslos in die Tiefe zu folgen.

Ich habe dafür nur eine einzige Sache verinnerlicht. Und mehr ist nicht notwendig, um ein Erforscher des eigenen Lebens zu werden – ein Tiefseetaucher in die eigene Natur, auf Expedition in die absolute Nähe zu sich selbst und darüber hinaus in unendliche Welten, die in uns und durch uns sichtbar werden ...

Ich stelle mein Erleben nicht mehr in Frage. Ich bin bereit meine eigenen Antworten zu finden auf alle großen Fragen, die sich mir stellen. Ich habe den inneren Kritiker begraben, der mich zur problembehafteten Person erklärt und mir nur einen minimalen Aktionsradius lässt.

Ich folge meinem Interesse und stelle niemanden mehr über mich, egal, wie viel sich ihm gezeigt hat. Das erlaubt mir eine Unbedarftheit, die dem Leben und dem Forschen dient, und nicht irgendwelchen „Persönlichkeiten".

Indem ich mich sein lasse wie ich bin – und es hat viele Jahre gedauert, bis ich dieses lichte Niveau erreicht habe –, erlaube ich mir die freie Sicht auf das, was sich wirklich in mir ereignet. Indem ich diese Ereignisse erforsche, zeigt sich mir mein kaleidoskopisches Universum, das sich von dem, was ich im Außen entdecke, nicht mehr unterscheidet.

Dieser galaktische Reichtum an verschiedenen Formen, an unbegreiflich ausdifferenzierten Lebewesen, an unterschiedlichen Ebenen, Frequenzen und energetischen Urkräften finde ich ebenso in mir. In Form von Gedanken, Ideen, Bildern, Gefühlen und Einblicken in eine Welt, die mich an die Schwelle zwischen Konkretheit und Traum führen. In mir sind alle wissenschaftlich entdeckten Prinzipien der äußeren Welt vertreten und erfahrbar, kein Wunder, bin ich als Verkörperung selbst nichts anderes als eine Erscheinung in Raum und Zeit. Darüber hinaus erfährt sich genau das, was sich nur mir selbst als innerlich schwingende Poesie zeigt, als Spiegel im Spiegel, als sich selbst träumendes Universum.

Jeder Mensch, der es geschafft hat, über den Tellerrand seiner problemhaften Person zu blicken und ein weiteres Interesse an sich selbst entwickelt, kann das erleben. In jedem steckt das Potenzial, sich selbst auf eine Weise zu erleben, die erfahrbar macht, was das Leben für eine mit Worten unbeschreibliche Sache ist.

Ich bin dann in Resonanz mit dem puren Leben, wenn es sich unbehelligt von meinen Konzepten, Vorstellungen und Meinungen über mich und die Welt in mir leben darf. Dann offenbart sich der Lebenswille als mein eigener Wille, dann wird klar, was meine Aufgabe ist, dann wird klar, was Glück ist und meine höchste Freude: Mich selbst zu entdecken und dadurch das Leben an sich.

Deine eigenen Antworten findest Du dann, wenn Du anfängst Dich in Deinen Bedürfnissen ernst zu nehmen und aufhörst, Dich zu vergleichen oder zu verleugnen. Wenn Du zu Deinen echten Gefühlen stehst, statt zu versuchen Dich anderen anzupassen, auch wenn es Dir einfacher erscheint oder scheinbar besser für „alle" ist.

Es geht in Deinem Leben um Dich, und wenn Du das entdeckst, dann wird Dir begreiflich, dass das auch für Deine Kinder gilt, für Deine Frau, Deinen Mann, Deine Nachbarn, Deine Eltern, für Freunde, Kollegen und für alle anderen auch.

Und wenn wir uns dabei unterstützen, dass wir selbst und jeder andere in seine eigene Welt finden, in sein ureigenes

Gebiet, es erforscht und ausdrückt, dann wird die Welt für jeden von uns reich und wertvoll. Dann entdecken wir unsere Tiefen und treffen uns an dem Punkt, an dem wir tatsächlich und nicht nur mental begreifen, dass uns im Ursprung nichts trennt. Dann schwingt jeder in seiner eigenen Frequenz und ist dadurch in vollkommener Resonanz mit dem Leben, das an seiner Basis pure Freude ist.

Ein Leben, das keine Konjunktive kennt!

Hier ein Vorschlag, der Dich wirklich zu Dir bringen wird: Setze Dich absolut. Das hast Du bereits Dein Leben lang getan – aber ohne es zu verwirklichen! Dabei ist es so offensichtlich: Du hast immer nur das erlebt, was Du erlebst hast. Dein Erleben hat etwas mit Dir gemacht. Es hat die Erfahrungswelt entstehen lassen, als die Du lebst. Du erlebst Dein Leben also bereits. Und so fühlt es sich an! Diesem Gefühl nicht mehr auszuweichen, darum geht es! Wenn Du Dich für Dein Selbsterleben nicht mehr anklagst, wirst Du als ein anderer zu Dir kommen. Als ein Mensch, der ein tiefes Einsehen in sich hat.

Zu Deinem Erleben gibt es immer dann keine Alternative, wenn es sich unbeobachtet aufführt. Wenn es wie von selbst abläuft, sich abspult und damit immer wieder zu den selben Eindrücken führt. Denn die Eindrücke sind es, die unser Selbst- und Welterleben hervorrufen. Und solange wir an die Richtigkeit unserer Interpretationen glauben, bestimmen sie uns und unsere Welt.

Glaube nicht länger, dass Du andere Bedingungen brauchst. Die Bedingungen spielen eine Rolle – keine Frage. Aber das eigentlich Bedeutsame an Deinem Leben bist Du selbst. Wenn Du Dich anders sehen lernst, werden sich die Bedingungen ganz von allein ändern. Sie werden sich der Wirklichkeit anpassen, die wirklich mit Dir übereinstimmt. Darum bleib nicht stehen. Hadere nicht, wäge nicht ab, diskutiere nicht mehr mit Dir selbst. Das kennst Du alles schon. Es führt immer wieder zu nichts – und damit zu Dir in geschwächter Form. Hadern schwächt Dich. Es entführt Dich ins unwirkliche Reich der Konjunktive. Und in diesem Reich bist Du ein Spielball der Umstände und damit vollkommen macht- und bedeutungslos.

Wenn Du Dich in Konjunktiven denken hörst, weißt Du jetzt sofort, dass Dich wieder ein nicht durchschauter Mechanismus gefangen genommen hat. Dieser Mechanismus schneidet Dich von der Kraft ab. Er führt Dich in die Irre, in der Du Dir fehlst! Immer wenn Du Dir fehlst, denken unbewusst angenommene Mechanismen auf Deine Kosten. Diese Mechanismen denken an Dir vorbei. Sie berücksichtigen Dich erst gar nicht! Sie erwarten von Dir, dass Du Dich ihnen beugst. Deshalb die vielen Konjunktive. „Ich sollte", „es müsste" ...

Frei von Konjunktiven wirst Du selbst zur Offenbarung. Und damit sichtbar. Das bedeutet es, geboren zu werden. Jetzt nimmst Du Dein Geborensein wirklich an. Du verwirklichst Deine Anwesenheit, hier, in Raum und Zeit, als Verkörperung, die sich selbst erlebt. Das ist die Entdeckung! Dieses Leben ist Dir anvertraut. Und dieses Vertrauen möchte sich selbst empfangen und als gelebte Wirklichkeit verwirklichen. Als Du!

Ich vertraue mir. Und entziehe mir dieses Vertrauen nicht mehr. Nie wieder. Wirklich. Nie wieder. Das ist mein Wille! Mein Wille kennt keine Konjunktive! Weil er eins mit dem Leben ist. Immer wieder habe ich es nur mit mir selbst zu tun. Und jetzt sehe ich ein, dass ich das will! Ich liebe es, etwas mit mir zu tun zu haben. Ich will sein – und erleben, was das bedeutet! Diese Bereitschaft schenkt mir unendlich viel Kraft. Kraft, die dem Leben innewohnt. Diese Kraft belebt mich! Mir ist die Kraft verliehen, dieses Leben wirklich zu meinem Leben zu machen.

Wenn ich mir beim Denken zuhöre, werde ich sehr schnell bemerken, dass ich mir auf der Ebene von Gedanken gern etwas vormache. Ich mache mir vor, dass ich nicht leben kann, wie ich es *eigentlich* will. Deshalb brauche ich Konjunktive: „Wenn ich könnte, wie ich will" – und schon bin ich entschuldigt! Das ist eine Demonstration der Machtlosigkeit. Sie entschuldigt mich. Damit die Machtlosigkeit weiterhin Macht über mich behalten kann!

Damit übersehe ich den alles entscheidenden Punkt: Ich bilde Realität! Ich lebe als meine Realität. Schon immer! – Das ist es, was Dir aufgehen kann: Solange Du Dich hinter Konjunktiven versteckst, bist Du nicht wirklich wirklich oder anders: Solange ist die Unwirklichkeit Deine Wirklichkeit. Du kannst Dich also vollkommen machtlos fühlen. Aber nur, solange Du nicht wirklich auf Dich hörst!

Tu, was Dein Herz will. Tu, was es Dir befiehlt. Und höre auf, von Deinem Herzen zu sprechen. Traue Dich, Dir zu trauen! Traue Dich, das Leben als Einladung zu verstehen, denn das ist es! Es lädt Dich ein, Deine Angst zu durchschauen. Wenn Du Dir Deine Angst wirklich eingestehst und sie nicht mehr beschützen musst, kommt etwas Wirkliches zu sich. Du.

Das, was Du wirklich willst, ist das, was von selbst aus Dir herauswill. Von selbst. Du musst nicht wissen, was es ist. Es kommt ganz von allein zum Vorschein, wenn Du Dir vertraust! Gewissheit stellt sich von allein ein, wenn Du Dich nicht mehr gezwungen fühlst, Dich ins Abseits zu denken. Fühle, was Du fühlst! Und wenn Du nichts fühlst, fühlst Du gerade nichts. „Ich sollte etwas anderes fühlen?" – Nein! Auf keinen Fall. Spüre Dich. Fühle wirklich, was Du fühlst. Sei vollkommen bereit, es zu fühlen.

Entscheide Dich für Dich. Wenn diese Entscheidung gefallen ist, wird sich Dein Leben ganz von allein entfalten. Garantiert. Ganz ohne jeden Zweifel. Aber nur, wenn die Entscheidung für Dich gefallen *ist*. Dann stellst Du dem Leben keine Bedingungen mehr. Und damit verschwinden alle Konjunktive aus Deinem Leben!

Nichts ist so einfach, wie sich selbst zu boykottieren. Dann bedeutet das, was Du denkst, wie immer nichts. Dann denkst Du einfach vor Dich hin – und glaubst Dir, was sich da denkt. Und was sich da denkt, ist reine Willenlosigkeit. Eine Ablenkung von Dir selbst. Das Denken in Konjunktiven ist immer ein Ablenkungsmanöver, durch das Du Dich Dir bis in alle Ewigkeit vorenthalten kannst. Wenn – dann. „Wenn es anders gewesen wäre, hätte ich gelebt." Was für eine Grabinschrift! Beweine diese Aussage jetzt, jetzt während Du lebst.

Der Tag Deiner Sichtbarwerdung ist der Tag, an dem Du Dir alle Deine Niederlagen eingestehst. Dein Coming-out lässt Dein Leben zu einem absolut bedeutsamen Ereignis werden. Du verwirklichst ohne wenn und aber, dass Du *wirklich* bist. Absolut wirklich. Als Wirklichkeit, die sich erleben will.

ZWEIFEL – DIE VERBLENDETE SELBSTUNTERDRÜCKUNG

Als ich gesehen habe, wie absurd meine Selbstzweifel waren, jenes nagende, bohrende, stechende Gefühl, das ich schon mein ganzes Leben lang kannte, brach ich in Tränen aus.

Es waren fassungslose Tränen, erleichterte Tränen, es waren Tränen der Freude und des Staunens. Ich staunte darüber, wie ich fast mein gesamtes Leben lang davon ausgehen konnte, dass es an mir verbesserungswürdige Eigenschaften gibt. Ich staunte, weil ich wirklich glaubte, die Dinge, die mir schlecht von der Hand gingen, müsste ich nur strukturierter angehen, methodischer, konsequenter oder einfach nur tapferer, mutiger und was weiß ich noch ...

Ich dachte allen Ernstes, ich konnte etwas dafür oder dagegen tun und litt an dem Idealbild, das ich von mir hatte und einfach nicht erreichen konnte.

Wenn wir einmal genau hinsehen, wirklich genau – und das ist tatsächlich nur möglich, wenn wir das allen Ernstes wollen –, dann sehen wir, dass Zweifel uns vollständig daran hindern uns selbst zu entdecken; die Wahrheit über uns. Und diese Idee wird zum Problem: Es ist ein Problem, wenn ich glaube, mich verbessern zu können und mich dafür nicht entdecke. Das Verbessern-wollen verhindert den Blick auf das, was ich wirklich bin.

Diese Annahme ist vollkommen falsch. Es gibt nichts, das feststeht, und es gibt auch niemanden, der etwas tun oder nicht tun könnte. Diese Realisation ist nur erfahrbar und nicht über den Verstand erfassbar.

Der Verstand ist das eigentliche Problem – sein felsenfester Glaube, er wüsste, wer ich bin. Dieses vermeintliche Wissen entpuppt sich als größtes Hindernis auf dem Weg zur Selbstentdeckung. Es lässt mich an den Etiketten scheitern, die er den Dingen aufklebt, ohne ihr wahres Mysterium zu erfassen. Im Wissen um mich selbst, um jene sichtbare Dimension von dem, was ich für mich halte, gehe ich vollkommen an jener Tiefe vorbei, die als beständiger Hintergrund jenen Spiegel erzeugt, in den ich blicken kann.

Ich war im Leipziger Zoo, als mir das auffiel. Ich stand einfach da, vollkommen ergriffen von den wunderschönen Giraffen. Wie eigenartig ihr Gang, wie unproportional ihr Körper, die großen Mäuler, die Glubschaugen, diese herausstehenden Hörner und diese absolut merkwürdige Musterung auf ihrem Körper...

Wie originell diese Tiere sind! Zwei Giraffen trabten gemächlich aufeinander zu. Sie trafen sich und berührten sich gegenseitig sanft mit ihren Köpfen an den Hälsen. Eine Geste der Zuneigung. Ich starrte sie an und war im Herzen getroffen. So viel Anmut! So viel Schönheit!

Was war ihr Geheimnis? Kein Geheimnis, alles vollkommen offensichtlich: Sie verschenken sich, ohne von sich zu wissen. Alles, was uns umgibt, all das, was lebt, verschenkt sich, ohne von sich zu wissen.

Es ist sich seiner selbst nicht bewusst.

In seiner Unbewusstheit ist es vollkommen es selbst.

Das ist pure Anmut, reine Schönheit: die vollkommene Blüte sich verschenkender, verströmender, in sich selbst verweilender Existenz.

Die Giraffe weiß nicht, dass sie eine Giraffe ist. Die Rose weiß nichts von der Rose und der Schwan nichts von sich selbst. Sie sind, was sie sind, ohne sich quer zu stellen, ohne zu denken: „Ich bin aber eine hässliche Giraffe, ich wäre lieber eine Gazelle!"

Wenn das so wäre, wenn sich die Natur gegen sich selbst stellen könnte, wenn sie auch nur den Hauch eines Zweifels an sich hätte, wäre nichts mehr an seinem Platz, dann gäbe es schon lange kein Leben mehr auf der Erde.

Das Lebendige ist lebendig. Das Lebendige lässt sich selbst geschehen, ohne zu fragen, wie es geschieht. Es lässt sich einfach so leben wie es lebt und ist dabei vollkommen identisch mit sich selbst. Es fragt nicht: „Was ist es, das mich bewegt?", weil da gar keine Vorstellung von einem „Ich" ist. Nur wir Menschen haben eine Vorstellung von diesem „Ich", und diese Vorstellung ist es, die uns daran hindert, vollkommen klar zu sehen und uns leben zu lassen, wie wir sind.

Wir haben aber nun mal diese Vorstellung und wir müssen mit ihr leben. Außer wir haben die Vorstellung, dass wir sie loswerden müssten. Dann tun wir so, als würde uns die Welt nichts mehr angehen und sagen Sätze wie: „Ich hat gesagt, dass ...", oder „Scheinbar Ich erkennt dieses und jenes ..." Und machen uns damit vor, das ewige Sein zu verkörpern, statt das Leben vollständig zu erfahren.

Im Grunde genommen sind wir der Hintergrund, vor dem wir erscheinen, und ebenso der Vordergrund, der erst durch diesen Hintergrund sichtbar wird. Der Tanz dieser Sichtbarwerdung ist in sich so still, dass er nicht vor sich selbst erscheint.

Wenn Du ganz still sitzt und beobachtest, wie die Giraffen sich aufeinander zubewegen, wie gleichzeitig die Blätter rauschen, die Sonne ihre Bahn zieht, neben Dir ein Mensch niest, der Wind Dein Haar bewegt, die Rosenbüsche duften und in Dir all das Platz findet, wahrgenommen zu werden, dann siehst Du möglicherweise, dass alles in ständigem Wandel ist. Alles ist in Bewegung und läuft vor Dir ab wie ein Film. Und wenn Du noch genauer hinsiehst, erkennst Du, dass Du mitten in diesem Film bist und genauso bewegt wirst wie der Wind, die Erde, die Giraffe, der Mensch neben Dir.

Du stehst niemals außerhalb des Bildes. Niemals. Die Tatsache, dass Du vor Dir auftauchen kannst, dass Du also von Dir weißt, heißt noch lange nicht, dass Du außerhalb stehst. Auch wenn es sich so anfühlt. Es gibt letztlich nichts, was außerhalb des Bildes existiert. Wenn Du jetzt noch stiller wirst, kannst Du es fühlen – das, was alles scheinbar zusammenhält, das, was alles bewegt. Es ist immer da, es ist immer unbewegt, es ist das, was abläuft und das was ablaufen lässt gleichzeitig, in dem es abläuft.

Es ist eine fließende Bewegung, in der alle scheinbaren Widersprüche enthalten sind.

Ich liebe es, auf dem Bett zu liegen und vor dem Fenster die Blätter zu betrachten. Wie sie bewegt werden vom Wind. Dann passiert es mir zuweilen, hindurchsehen zu können und das komplette Bild zu erfassen. Ich werde vom gleichen Geist bewegt wie die Blätter am Baum. Das, was ich normalerweise für den Verursacher meiner Handlungen halte, mich selbst also, ist eine Verdichtung von wechselnden Gedanken, die ich für mich halte. Sie sind genauso Teil des Bildes, wie die Blätter, der Wind, die Bäume ...

Ich bin nicht die Verursacherin meiner Gedanken, ich bin nicht die, die mich bewegt. Ich werde bewegt wie die Giraffen, die Erde, der Mond.

Gedanken fallen in mich ein wie Schnee auf die Erde. Nur schneller. Es sind eher Blitze, die aus dem Nichts heraus zünden. Ein Gefühl stellt dabei fest: Das alles geschieht *in mir*.

Doch wenn ich die Augen schließe, erkenne ich keine Grenze mehr von diesem *in mir* ...

Ein Zweifel fällt also in mich ein. Die Frage ist, wo kann er landen, wenn ich erkannt habe, dass dieses Ich nicht der Verursacher der Gedanken ist? Wenn es nichts Feststehendes gibt, das von diesem Zweifelgedanken getroffen werden kann? Dann fällt er einfach durch mich durch. Er bleibt nirgendwo hängen, er betrifft mich nicht.

Denn nicht ich bewege mich, sondern das Leben selbst bewegt mich. Und kein vorgestelltes Ich der Welt weiß, was das Leben vorhat. Es kann lediglich aus dem Augenblick heraus erkennen, was es will.

Aber das Ich, das sich jeden Morgen wieder neu zusammensetzt und mich als mich empfinden lässt, dieses Ich kann an sich zweifeln. Es kann wirklich glauben, das letzte Ich der Welt und zu nichts fähig zu sein. Und damit verhindert es den lebendigen, den anmutigen, den giraffigen Ausdruck des Lebens vollkommen. Dieses Ich ist nicht in der Lage, sich vorbehaltlos zu verschenken. Es hat zu viel Angst vor seinen Gedanken, weil es nur sich selbst sieht.

Erst wenn ich durchschaut habe, wie ich durch die Überzeugung, meine immer gleichen Gedanken zu sein, verhindere, was ich sein könnte, kann ich die Überzeugung fallen lassen und in mich einströmen lassen, was das Leben ist: immer neu, immer frisch, sprudelnd, unfassbar, ungebunden, tief verwurzelt in sich selbst und immer im Wandel. Ich kann mich selbst fühlen, wie ich tatsächlich bin, ohne die Schranke des zweifelnden Verstandes, der andere Vorstellungen von mir hat. Ich kann mir das erste Mal nah sein.

Ich kann sehen, dass der Zweifel ein Ausdruck dieser hemmenden und beklemmenden Überzeugung ist, die unhaltbar ist, wenn sie genau betrachtet wird. Ich durchschaue den Zweifel als Symptom eines kleingeistigen Festhaltens an dem, was ich bisher als mich selbst erfahren habe. Ich öffne mich für die Möglichkeit, ein unvorhersehbarer, vitaler Ausdruck des Lebens zu sein, der sich ungebremst von Selbstzweifeln an das hingibt, was ihn durchströmt. Aus dieser Perspektive erscheint ein Zweifel an mir selbst völlig absurd.

Dann strahlt das Leben, wie es mich erschafft, durch jede meiner Poren, dann bin ich so schön wie die Giraffe, die Rose, der Baum und die unendliche Vielfalt aller Lebendigkeit. Dann erlebe ich mich verbunden mit dem innigsten Gefühl, das ich kenne, mit dem, was ich nie wagte ernst zu nehmen: Mich selbst, wie ich einfach bin, wenn ich nichts von mir will.

Ich übergebe mich dem Leben ohne Zweifel, lasse mich von seinem Willen bewegen und repräsentiere es als vollkommen deckungsgleiche Form. Das ist Glück, das ist Ekstase, das ist Frieden und Erfüllung in Einem, und noch viel mehr als das.

EINSICHT BEWIRKT HEILUNG

Auf der Höhe der Zeit, in der Gegenwart und damit frei von sich – als reine Funktion. Der Körper. Wenn der Körper ähnlich unintelligent handeln würde, wie ein Verstand, der sich selbst nicht durchschaut hat, dann wären wir schon lange nicht mehr hier, sondern tot. Statt eine Krankheit oder einen Schmerz nicht zu wollen, wendet sich der Körper sich selbst vollkommen zu und tut damit alles für seine Heilung.

Der Körper kennt kein Entkommen. Er kann sich selbst nicht hinter sich lassen. Aber genau das versuchst Du, wenn Du sklavisch den nicht durchschauten Einflüsterungen Deines Verstandes folgst ...

Der Körper leugnet nicht, er stellt sich nichts anders vor, er träumt sich nicht in andere Zustände. Weil er es nicht kann. Nein, er bleibt hier und wendet sich mit aller ihm zur Verfügung stehenden Energie sich selbst zu. Das bewirkt die Heilung! Und eben dieser heilvolle Umgang mit sich selbst will sich verwirklichen und als Lebenswirklichkeit zu sich kommen. Als unmittelbare Einsicht und direkte Erfahrung.

Dabei bist Du sehr viel mehr, als der Körper. So einfach ist es nicht. So einfach sind wir nicht. Weil sich im Bewusstsein noch eine andere Lebenswirklichkeit abbildet: die des Verstandes. Und der Verstand ist alles andere als einfach: Er ist der andere in uns, er ist die Vorstellung, die Imagination, er bietet die Handlungsalternative, die noch nie dagewesene Möglichkeit, weil er sie auf einer nicht körperlichen, also rein mentalen Ebene darstellen kann: „So könnte es sein", „so könnte es funktionieren", „so wäre es besser" ... Was er damit meint ist:

So könnte ich sein. So könnte ich funktionieren. So wäre ich besser. Ich?

Der Verstand ist dazu da, uns auf alternative Handlungsweisen und damit auf alternative Welt- und Erlebensmöglichkeiten aufmerksam zu machen. Darin besteht seine wahre Aufgabe. Doch wenn er sich selbst nicht durchschaut hat, weiß er nichts anderes, als sich zwanghaft zu rekapitulieren. Und solange er das tut, erklärt er Dich immer wieder zum eigentlichen Problem!

Nur ein Verstand, der bereit ist, sich selbst immer umfassender in Frage zu stellen, lernt schließlich seine sich unaufhörlich rekapitulierenden programmierten Gedankenmuster zu durchschauen. Er erkennt, dass er sich in einem heillosen Durcheinander fremder Konzepte verlaufen hat. Diese Konzepte haben ihn dermaßen absorbiert, dass sie zu seiner einzigen Wirklichkeit geworden sind: So ist das! So muss es sein! So geht das nicht! Das ist schlecht! Das hat keinen Sinn ... Dieser ganze programmierte Wahnsinn will aus Dir raus. Und eben dazu bedarf es der Bereitschaft für Dich selbst.

Der Verstand leidet an sich selbst und nicht an Dir! Das ist die Einsicht, die zu Dir kommen will. Die absolute Einfachheit direkter Erfahrung ist für den unablässig mit sich selbst beschäftigten Verstand nichts als eine weitere Vorstellung – und Vorstellungen haben mit der absoluten Einfachheit direkter Erfahrungen nichts gemein. Aber so ist es nun einmal: Nur der sich selbst überwindende Verstand erlangt Weisheit. Er wird zu seinem *eigenen* Meister. Niemand sonst braucht einen Meister, weil alles bereits in seiner „göttlichen" Natur verweilt.

Schweigen ist das Mittel, das zu Einsicht führt. Reaktionen hingegen bewirken, dass alles so bleibt, wie es der uneinsichtige Verstand sieht: Problemhaft, gespalten, verbesserungswürdig, Angst machend und letzten Endes immer (selbst)zerstörerisch ...

Jemand, der heillos in sich selbst verstrickt ist, kann nichts anderes tun, als Unruhe stiften. Jemand, der sich selbst nicht zu helfen weiß, kann keine Hilfe sein. Diese Einsicht geht wahrer Heilung voraus. Niemand wird Dir dafür dankbarer sein als Dein Verstand. Denn er ist der einzige, der der Heilung bedarf. Und ja, es ist Dein Verstand. Es ist ebenso sehr *Dein* Verstand, wie Dein Körper *Dein* Körper ist. Natürlich hast Du Dich nicht selbst gemacht, sondern vorgefunden. In einem Körper. Programmiert. Und doch bist Du weit mehr, als Dein Köper und alles, was Du über Dich und die Welt „weißt" und glaubst.

Du bist als lebendige Gegenwart, die sich im Bewusstsein vergegenwärtigt. Du bist ein unfassbares Wunder, das auf sich selbst aufmerksam werden kann! Als lebendige Gegenwart hast Du Möglichkeiten, von denen Du nicht wissen kannst, bis sich die lebendige Gegenwart in Dir verwirklicht. Diese Verwirklichung ist um so vieles wirklicher als alle Gedanken über Dich und die Welt. Darin erwachst Du zum wahren Leben – zur Gegenwart Deiner selbst ...

BEDENKENLOS
UND FREI VON WIDERSPRUCH …

Ich habe noch nie etwas vergleichbar Schönes gesehen und wenn ich „vergleichbar" sage, meine ich damit etwas, dass eine so große Bereitschaft hat, sich selbst einzusehen und über sich hinauszufinden. Wenn das passiert, ist nichts mehr so wie es vorher war. Dann lösen sich überholte Strukturen auf und geben den Menschen an das Leben frei. An das Leben, so wie es aus sich selbst heraus sein will und nicht an ein Leben, das nur auf der Ebene von Vorstellungen existiert und damit das, was Lebendigkeit ist, immer wieder verhindert. Endlich zieht Bedenkenlosigkeit in mich ein – und damit die vollkommene Verantwortung für mich selbst!

Bedenkenlos und verantwortungsvoll – geht das zusammen? Ja, absolut, denn nur das Bedenkenlose ist frei von Widerspruch und damit so echt, dass es bereit ist, sich vollkommen zu erleben. Das ist die einzige Verantwortung, die ich mir selbst gegenüber habe!

Etwas vollkommen zu erleben, bedeutet, es vollkommen anzunehmen. Und genau darin besteht die Verantwortung für Dich selbst: Dich nicht mehr aus Deinem Leben herauszureden, herauszudenken, herauszuträumen, sondern dieses Leben als Dich zu verwirklichen. Dann ist da niemand mehr, der so tun könnte, als habe er nichts mit sich und seinem Leben zu tun. Dann wird Dir wie aus dem Nichts heraus zweifelsfrei klar, dass Du Dein Leben *bist*. Und zwar von Anfang an!

Es kann ein Schock sein, wenn Du realisierst, dass Du ein Leben lang an Dir vorbei gelebt hast, dass Du Dich wieder und wieder nicht ernst genommen hast, dass Du an Dir vorbei geglaubt, gehofft, gedacht und gewünscht hast. Denn damit gestehst Du Dir ein, dass Du so gut wie ausschließlich in Form eines sich selbst rekapitulierenden Programms existiert hast. Eines Programms, dass Dich nicht zu Dir kommen ließ. Weil es Dich nicht für gut genug hielt und in Dir keinen würdigen Repräsentanten gesehen hat. Aber von was? Wie kannst Du etwas repräsentieren, wenn es nicht von selbst aus Dir heraus will?

Es sind immer wieder nur Bedenken, die Dich an einem Leben festhalten lassen, das aus Dir jemanden macht, der ein ihm letzten Endes fremdes Leben zu verantworten versucht. Ein Leben, in dem er nicht angekommen ist. Und diese Form der Verantwortung macht uns eng. Sie unterstellt uns einem nicht durchschauten Gedankendiktat, das uns als lebendigen Prozess unterdrückt. Auf diese Weise sterben wir innerlich ab. Diese Idee von Verantwortung ist also eine nicht durchschaute Form der Selbstvermeidung!

Der Wahnsinn in uns lässt uns glauben und postulieren, dass wir uns verdammt nochmal zusammenzureißen haben, damit aus uns etwas werden kann, damit wir bestehen können, damit dieses Leben gelingen kann. Der diesen Wahnsinn Glaubende denkt sich das Leben nur noch und verliert damit den direkten Zugang zum Selbsterleben.

Der Wahnsinnige glaubt, was er denkt und erkennt dabei nicht, dass er in dieser Verfassung des Denkens gar nicht fähig ist. Er denkt wie ein Soldat, der darauf gedrillt ist, seine Feinde zu erschießen. Er gehorcht also nur noch und führt dabei Befehle aus. Das ist das Gegenteil von Selbstverantwortung. Und so fühlt es sich dann auch an! – Leblos, angstvoll und leer!

Ungesehene Räume

Es gibt Räume, die im Verborgenen leuchten. Du kennst sie, diese Räume, die auf Dich warten, darauf, wahrgenommen zu werden, von Dir. Du weißt, dass sie existieren, und doch wendest Du Dich ab. Zu viel zu tun haben sie mit Dir.

Mit Dir in einer Form, die Dir Angst macht. Diese Räume offenbaren Dir ein Wesen, das nicht zur Oberfläche Deines Lebens zu passen scheint. Sie offenbaren ein Wesen, das in der Tiefe lebt und im Dunklen seine Bahnen zieht. Du fühlst es immer dann, wenn Du allein bist mit Dir...

Es lebt nach seinen eigenen Gesetzen, die nichts zu tun haben mit dem, was im Licht betrachtet wichtig scheint für Dich und alle anderen in Deinem Leben. Dieses Tier in Dir ist nur für Dich.

Wie beängstigend – Dich selbst zu betrachten als unabhängig von allem Existierenden, an das Du Dich so dringend klammerst. Es ist leichter Regeln zu befolgen, die Dir eingeflüstert wurden, als jene zu erkunden, die in Deiner eigenen Tiefe wohnen. Was kann Dir da begegnen?

Räume, die in der Tiefseestille Deines rauschenden Blutes jene Grenzen überwinden, die Form und Maß als Wirklichkeiten meißeln. Du bist tiefer und umfassender als Du glaubst. Diese Räume haben keine Wände. Sie sind durchlässig wie Träume und erweitern sich mit jedem Blick, den Du riskierst.

Der Weg führt durch das enge Tor der Angst, hin zu jenem Empfinden der ungeteilten Nähe, das Du verlassen hast, als die Welt vor Deinen Augen erschien.

Wir schweben mit unsichtbaren Wesen, gespenstisch erhellt vom Blitz plötzlicher Erkenntnisse. Dort unten, tief versteckt, tanzen wir mit den Elementarteilchen der Liebe, die uns umfließen wie roter Honig, das dunkle Öl unserer Seelen.

Hier treffen wir uns. Hier sind wir unter uns. Hier erkennen wir uns als Grenzenlosigkeit, deren Eruptionen in winzigen Luftblasen nach oben steigen und Worte formen, die träge meine kühlen Lippen verlassen. Wir sind uns nah hier unten in der Dunkelheit, in der nichts zu sehen ist als Dunkelheit selbst, die uns hilft, keine Grenzen zu ziehen zwischen Dir und mir.

Du … sagen all die oberflächlichen Worte und meinen dabei einen anderen Ort von Ich. Einen Ort, der sich durch oberflächliche Worte nicht eröffnen kann. Sie meinen ein Ich, dass still pulsiert, ohne Anfang und Ende, ein Ich … das alles weiß von Du und Wir und dem, was es heißt im Angesicht des hellsichtigen Feuers zu verbrennen – als Teil, als Form, als begrenzter Raum.

Wir haben keine Eltern. Jede Form, die durch eine andere Form ins Licht drängt, ist in sich reines Fließen. Die Begrenzungen der Formen leiden endlose Qualen an sich selbst. Solange sie jene Räume ungesehen lassen, die mit ihnen in die Existenz geflossen sind. Solange sie sich selbst im Spiegel sehen und nicht erkennen, was dort wirklich erscheint. Solange die Oberfläche aus Wellen, Wolken, Sand, Sternen und Deinem Gesicht – viel zu kurzsichtig – für Anfang und Ende der Welt gehalten werden …

Oh Du, König allen Lebens, Verheißung schwarzer Bodenlosigkeit im heißen Schlund meiner Sehnsucht, ich weiß, dass es Dich nur gibt, wenn ich wache. Ich weiß, Du vergehst in mir wie ich selbst, mein Sehen, mein Fühlen, mein Betrachten –

wenn Träume mir die Sinne rauben und zuletzt den einen Sinn, der mir stets ein Spiegel ist:

Die trennende Betrachtung all dessen, was sich innerhalb meiner Körpergrenzen abspielt.

Wir blicken hinaus in ein Universum, das uns selbst widerspiegelt. Riesige Galaxien, die wie Zentren in einem Nervengeflecht erscheinen, sich ausdehnender Raum, der lernt und sich wie ein Kind entdeckt, Sternenlicht, als das Licht unserer Erinnerungen, ausgestrahlt von längst verlebten Momenten … Du findest alles wieder in Dir, in jenen Räumen, die in Deiner Tiefe leuchten.

Tiefseegeschöpfe und Sternenhaufen, alles erscheint in Dir.

Im Tiefschlaf und im Tod verschwinden wir im Raum und der Raum mit uns und Stille bleibt, die sich selbst nicht hört. Dort ist der Ursprung aller Bewegung … Dort regt es sich in Milliarden von Jahren, die wir verharren in der Umarmung Liebender, die davon träumen zwei zu sein, um sich endlich zu begegnen.

ERZÄHL MIR WAS VON STEINEN UND VON SCHWARZEN LÖCHERN

Ein Stein ist nah. Er ist sich so nah, dass er nicht zu sich kommen kann. Er ist schon da. Zu nah, und deshalb unbewegt, vollkommen selbstvergessen. Ich bin als Stein so tief in mich hineingefallen, dass ich mich nicht mehr behellige. Damit bleibe ich vollkommen unentdeckt – von mir selbst. Und doch erscheine ich. Dir. In Dir. Im Bewusstsein. So wie Du!

Du siehst mich. Du bedenkst mich. Du behauptest, dass es mich gibt. Du stößt Dich an mir. Du behaust mich. Du siehst in mir, was ich nicht bin. Einen Stein. Etwas, das für Dich verschiedene Bedeutungen haben kann. Dabei bin ich in und für mich selbst nichts als eine Innerlichkeit. Ich bin mir selbst so innerlich, dass sich mir keine Idee zeigt, nichts, was aus mir heraustritt, keine Äußerlichkeit, keine Welt, kein Außen.

Ich bin so vollkommen in mir, dass ich abwesend wirke. Dabei bin ich nichts als Ruhe, eine Ruhe, die sich nicht verwirklichen muss. Eine Ruhe, die sich nicht verlieren kann. Ich tauche einfach nicht vor mir auf. Tief und leise durchströme ich mich. So wie ein tiefer Klang, der den Raum in Schwingung versetzt. Er passiert den Raum, ohne dabei gehört zu werden. Er durchdringt den Raum, ist eins mit dem Raum und geht dabei nicht über den Raum hinaus, den er passiert. Da, wo der Raum endet, höre auch ich als Stein auf. Im Innerhalb dessen, was ich bin. In einem Innerhalb, dass sich selbst weder betrachten noch wahrnehmen kann.

Alles bleibt unentdeckt, bis das Licht des Bewusstseins darauf fällt. Erst im Bewusstsein erscheint der Stein als Stein, und damit als etwas, was von lauter Nicht-Steinen umgeben ist. Deshalb kann ich den Stein sehen, deshalb kann ich ihn in die Hand nehmen und im hohen Bogen ins Wasser werfen. Im Bewusstsein taucht der Stein an einer bestimmten Stelle auf. Hier oder dort. Im Bewusstsein ist er auffindbar. Und das, was auffindbar ist, das, was sichtbar, fühlbar oder denkbar ist oder anderswie empfunden werden kann, führt zu (s)einer eigenen Wirklichkeit. Zur Wirklichkeit des Selbsterlebens.

Wenn ich mich auf den Stein einlasse, wenn ich ihn erlebe, dann weiß ich, dass er nicht bewegt, dass er nicht geworfen werden will. Weil er in sich ruht. Weil es nicht seiner Natur entspricht. Das ist Empathie. Empathie für mich selbst. Empathie für alles, was mir erscheint. Ich lerne zu sehen, ich lerne unmittelbar zu empfinden, weil ich bin und mein Hiersein erfahre.

Ich bin kein Stein – und doch kann ich den Stein verstehen, ich kann zum Stein werden, wie ich überhaupt zu allem werden kann, was mich wirklich interessiert. Weil ich mir bewusst bin, anwesend zu sein. Immer wenn ich bereit bin, mich vollkommen einzulassen, kann sich mir alles zeigen, weil ich dann selbst ein Niemand bin. Ein bewusster Niemand. Dann bin ich als Raum, in dem sich alles zeigen, vollziehen und zu sich kommen darf.

Nichts kann von mir in Erfahrung gebracht werden, wenn ich auf (m)einer Position bestehe. Verstehen setzt voraus, dass mich das Leben passieren darf – als Prozess, der sich gerade verwirklicht, als Verwirklichungsprozess. Im Grunde genommen passiere ich mich als bewusste Anwesenheit immer wieder selbst. Augenblicklich – Augenblick für Augenblick und in Wirklichkeit nur gerade jetzt. Immer wieder gerade jetzt.

Frei bin ich dann, wenn ich mich nicht mehr gezwungen fühle, mich in die ständig selben Bilder von mir und der Welt hineinzusehen und erkenne, dass sich die Existenz in Form von Bildern und Metaphern selbst präsentiert.

Die Welt zeigt sich im Bewusstsein, im Raum, in dem sich alles ereignet. Hier zeigt es sich z. B. als Stein. Aber dieser Stein ist etwas ganz anderes als das, was ich *auf den ersten Blick* in ihm sehe. Der Stein zeigt mir, wer ich bin, wenn ich nicht bin. Er zeigt mir, wer ich bin, wenn ich nicht vor mir auftauche. Dann bin ich als Verkörperung, die sich selbst nicht gegenübertreten kann. Als Körper, der nicht vor sich auftaucht und damit nicht weiß, dass er ein Körper ist oder einen Körper hat. Dieses Versunkensein ist die Qualität des Steines. Und diese Qualität kann ich verwirklichen.

Ich bin etwas Unentdecktes, das sich entdecken und in Erfahrung bringen möchte. Nur weiß ich nichts davon – bis ich aufwache und zu mir komme. Bis vor meinen Augen eine Welt entsteht, in der ich mir selbst gegenübertrete, bis sich mir eine Welt zeigt, in der z. B. ein Stein auftaucht! Ein echter Stein. Bis ich bemerke, was das für ein Wunder ist. Es ist eine kosmische Metapher – die ich entdecken, verstehen und verinnerlichen kann!

Dadurch werde ich mir selbst zur Metapher: Ich erkenne in mir das Tor, das sich selbst passiert. Den Lebensstrom, der im Erkennen über sich hinausfindet und sich damit auf alle Formen des Erlebens einlassen kann.

Erzähl mir was von Steinen und von Schwarzen Löchern. Erzähl mir etwas von Abwesenheiten, die nur zu sich finden können, wenn sie über sich hinausgehen. In uns – als sich selbst erkennende Existenz, die von keinem ihrer Aspekte getrennt ist.

Ich selbst bin Teil des Wunders, dass sich im und als Leben entdeckt. Ich bin in Form der Möglichkeiten, die sich mir zeigen. Damit bin ich kein fest umrissenes materielles, sondern ein durch und durch spirituelles Wesen. Ein Wesen, durch das sich die Welt verwirklicht, die zu mir werden will. *Wenn* ich sie entdecke!

SCHWARZES LOCH

Ich bin – so leicht, so schwer, so unbeschreiblich, so beschrieben. Ich bin, und wenn ich entdecke, dass ich bin, kann ich zunächst nicht mehr von mir lassen. Ich verdichte mich, werde konkret und halte an mir in konkreter Form fest, weil ich nichts anderes als mich habe. Damit werde ich unflexibel, eng und schwer. Ich werde zum Zentrum einer ganz privaten Welt, auf die sich fortan alles bezieht. Fortan nehme ich das Universum persönlich und übersehe damit jeden direkten Impuls.

Ich ziehe in Form von etwas in mich ein. In Form meiner Gedanken, in Form meiner Gefühle, in Form meiner Geschichte und wirke unablässig auf das ein, was ich für mich halte. Weil es mich repräsentiert. Weil es mir vergegenwärtigt, wie es um mich steht. Und es steht nicht gut um mich, wenn ich mich auf diese Weise betrachte. Weil ich etwas anderes betrachte als mich selbst. Weil ich mich auf eine Weise betrachte, die mich nicht berücksichtigt. Deshalb beschweren mich meine Betrachtungen immer wieder. Denn es sind gar nicht meine! Und doch führen sie zu einer Vorstellung von mir, mit der ich mich verwechsele: Das bin ich! So bin ich! So ist die Welt! Das denke ich! Das will ich und das will ich nicht! – Aber wer sagt das? Und wer glaubt das?

Wer tut sich mit seiner Welt so schwer? – Das ist die entscheidende Frage. Solange sich diese Frage nicht klärt, verdichtet sich mein Selbstempfinden immer weiter, wodurch ich mir immer fremder werde. Denn ich bin nicht schwer. Ich bin das Licht, in dem ich mir in Form von Möglichkeiten erscheine. Als ein Ausdruck des Lebens, der sich einfach verwirklichen will.

Wenn ich an die Welt glaube, die mir zugetragen, die mir eingeflüstert, die mir eingetrichtert worden ist, dann fällt alles in mich hinein und macht mich schwer und immer schwerer. Dann werde ich so schwer, dass ich es in und mit mir kaum noch aushalte. So schwer, dass ich anfange, ernsthaft an mir zu leiden. Ich werde zur Schwere selbst und bin als Depression, die jeden wahren Impuls und alles Licht verschluckt. Dann wirken sich alle vorschnell angenommen Gedanken und Befürchtungen auf mich aus, die ich nie bei Licht besehen habe. Nie im Licht, das von mir ausgeht, im Licht, das ich bin. Und eben das verfinstert mich.

Es verdunkelt sich so sehr, dass ich das Licht in mir nicht mehr wahrnehmen kann. Ich fühle mich betäubt, wie gelähmt und werde dabei immer schwerer. Statt mich unbeschwert von allen Überlagerungen zu entdecken, zeigt sich mir eine sehr schmerzhafte Gewissheit: Ich bin allein. Niemand versteht mich.

Alles, was ich weiß, ist, dass diese Form des Daseins schwer auszuhalten ist. Für mich. Weil ich in dieser *Form* des Daseins nicht wirklich zu mir komme. Und trotzdem beziehe ich weiterhin alles auf mich. Ich bin der Mittelpunkt der Welt und alles, was auf mich zukommt und in mich einzieht, beschwert mich nur noch mehr. Selbst wenn es hell, leicht und lebendig ist. In mir wird aus Licht Dunkelheit. In mir vollzieht sich das, was Schwere ist. Weil ich nicht schwer bin!

Mein Leben ist zu einem Synonym für alles geworden, was an sich festhält, für alles, was sich nicht loslassen, nicht gehenlassen kann. Ich bestehe auf mir, auf meiner Geschichte, auf meinem Schmerz. Weil ich es nicht besser weiß. Weil das, was ich nicht bin, mit ungeheurer Intensität in mich eingebrochen ist. Als eine mir fremde Welt. Die ich auszuhalten habe. Ich kann kaum noch atmen, mich fast nicht mehr bewegen, ich erstarre und werde dabei immer schwerer. Ich fühle mich in den Körper zementiert. Bleierne Füße, ein bleiernes Herz, bleierne Gedanken, die nicht mehr von sich lassen können.

Ich erlebe mich als absolute Trägheit, die sich selbst nicht überwinden kann und kreise nur noch um diese besetzenden Gefühle. Immer schneller. Immer hilfloser. Darin ertrinke ich, darin gehe ich unter. Und reiße eine ganze Welt mit in den Abgrund. Meine Welt. Die Welt, die ich überwinden will.

Ich bleibe an der Welt hängen, die Macht über mich hat, die mich besetzt und beschwert. Aber keine Welt kann das. Schließlich entsteht die Welt in mir. Als Gravitationsfeld, von dem ich angezogen werde. Als Gravitationsfeld, zu dem ich werde. Und genau das kann ich erkennen.

Anderenfalls habe ich tatsächlich keinen Raum mehr, anderenfalls spüre ich den Raum nicht mehr. Sondern nur noch mich, als Schwere. Dann hat sich der Raum, in dem sich mein Leben als Ich vollzieht, bereits unendlich gekrümmt und verdichtet. Auf einen Punkt, auf diesen Schmerz, auf etwas, das sich überwinden will, aber nicht kann. Und plötzlich kann es sich nicht mehr halten und bricht aus sich heraus. Wie ein Schwarzes Loch, das so schwer wird, dass es sich nicht mehr tragen kann, durch sich hindurchstürzt und dabei wieder aus sich herausbricht. Als eine Welt neuer Möglichkeiten.

In der tiefsten Dunkelheit entdeckt sich das Licht und gebiert sich als ein neues Universum, als das Unbekannte, als das, was sich entdecken will. Aus der Dunkelheit gebiert sich ein Universum, das nichts anderes will, als sich im Licht seiner Möglichkeiten vollkommen auszudrücken.

Immer wieder stehe ich vor mir. Immer wieder zeigt sich mir, dass ich mich im Licht sehen und empfangen kann. Als das, was völlig unbeschwert von sich ist. Und deshalb lebt! Und deshalb atmet. Und deshalb tanzt. Als Leben, das sich selbst entdeckt.

Immer wieder vergesse ich mich. Immer wieder vergesse ich, dass ich selbst ein Ausdruck des Lebens bin, der sich nicht zurückbehalten, der nichts für sich behalten kann.

Das Leben ist wie ein Flügelschlag: Es ist in Bewegung und dabei vollkommen ausgeglichen. Jetzt in diesem Augenblick. Jetzt und immerzu. Entdecke diesen Tanz. Genieße ihn immer mehr. Werde zum Tanz. Tanzend geht es in sich selbst ein und über sich hinaus ...

KLARHEIT OHNE SPIEGEL

In der Klarheit des Wassers spiegelt sich alles wider. Alles, was es umgibt, erscheint darin als sein eigenes Abbild, ohne das Wasser zu berühren. Es ist immer es selbst, auch wenn es in der Reflexion seiner Umwelt nicht selbst zutage tritt. Wasser ist unmittelbar, direkt, glasklar, wenn es in seiner Beschaffenheit unangetastet bleibt.

Jeden Morgen fließt es mir aus dem Wasserhahn entgegen. Ich lasse es über meine Hände gleiten, sehe die leichte Kräuselung der Wasserbläschen auf meiner Haut, spüre die Kühle, die es auf meinem Gesicht hinterlässt. Ich atme die Frische, und die Nacht kann von mir abfallen. Wasser bringt mich hierher, lässt mich zu mir kommen, wenn ich in den Spiegel sehe.

In einem stillen See spiegelt sich das Ufer, der Vogel am Himmel, die Wolken. Wie in einen dunklen Abgrund stürzen die Bäume in die Tiefe ihres Abbildes, ohne sich selbst zu erkennen. Ohne sich selbst zu begegnen als Baum, als Blätter, als Bewegung im Wind.

Die Begegnung findet hier statt, in mir, dem Zentrum der Wahrnehmung. Ich sehe den Baum und erkenne ihn als solchen, ich sehe den See, seine Spiegelung berührt mich in ihrer Einfachheit. Die Bescheidenheit des Wassers fließt in mich als Demut ein. Seine rückhaltlose Hingabe an das, was es umgibt, hervorbringt, erhält, trifft tief in meinem Innersten einen verborgenen Nerv. Es ist Freude, die durch Demut entfacht wird.

Alles kommt in mir zu sich. Ein Lichtreiz trifft geräuschlos mein waches Auge und verwandelt sich in der Dunkelheit meiner

Synapsen, den geheimnisvollen Botenträgern heiliger Frequenzen, zu einem See, einem Baum, dem Himmel, der Wiese unter meinen kühlen Händen.

Ich bin der große Raum, in dem alles zu sich kommt als Spiegelung meiner tanzenden Träume von der Welt, wie sie mir erscheint. Leuchtende Staubfächer aus Verdichtungen heißer Lichtreflexe setzen sich in mir zusammen und offenbaren mir meine Hände, die all die Dinge berühren …

All die Dinge namens Baum, Blatt, See … mein Gesicht, Deine Haut … Die Welt erscheint in mir und durch mich. Ich erscheine mir selbst als die Welt.

Der pulsierende Atem der Erde durchströmt meinen fühlenden Körper. Ein wilder Erfahrungswille hat mich als einen Geschmack erschaffen, der sich selbst schmecken will.

Ich bin hier, um mich in die höchste Reinheit zu leben, die es gibt, in die unmittelbare Anwesenheit selbst.

Jene Anwesenheit, die sich still in allem verströmt, selbst nicht zutage tritt und dennoch aus nichts anderem besteht als aus sich selbst. Wenn sie in ihrer Beschaffenheit unangetastet bleibt, ist sie klarer als Wasser, frischer als eine Bergquelle, direkter als ein Fausthieb ins Gesicht und unfassbarer als ein Traum, der sich beim ersten Morgengrauen nebelhaft zurückzieht.

Sie lässt Dich klar sehen, was wirklich zu sehen ist: das niemals endende Wunder, das sich durch Dich entfalten kann, weil Du es Dir selbst zeigst. Auf diesem Spiegel setzt sich niemals Staub ab, weil er so klar ist, dass er vor sich selbst nicht erscheint.

Und dennoch bist Du hier.

BEWUSSTSEIN:
EIN AUF SICH SELBST EINWIRKENDES FELD

Ist Bewusstsein aktiv oder passiv? Viele betrachten Bewusstsein tendenziell als etwas eher Passives, Empfangendes. In diesem Zustand ist Bewusstsein gegenwärtige, sich selbst vernehmende Präsenz, also das, was als kommentarloses Gewahrsein bezeichnet wird.

Auf der Ebene von Gewahrsein vernimmt sich das Leben zum ersten Mal. Es empfindet sich, ohne vor sich selbst aufzutauchen. Im Zustand reinen Gewahrseins ist Bewusstsein eins mit sich selbst. Hier ist es noch zu unmittelbar, zu direkt und zu intim, um sich als Erfahrung „verselbstständigen" zu können. Die Verselbstständigung der Erfahrung führt zu einem „Ich" — und damit zu mir. Ich bin derjenige, der die Erfahrung seines Lebens macht. Diese sich im Bewusstsein vollziehende Erfahrung kann bewusst gemacht und vergegenwärtigt werden: Als ich. Sie bringt mich mit einer Welt in Kontakt und weist dadurch immer wieder auf den die Welt Erlebenden hin, auf mich! Bewusstsein ist der Kreis, in dem sich das Welterleben vollzieht — und die Gestaltung dieses Erlebens!

Wenn ich mich als eins mit dem Bewusstsein erkenne, wird klar, dass Bewusstsein eine auf sich selbst einwirkende Vergegenwärtigung ist. Mit anderen Worten: Bewusstsein empfängt nicht nur, es kann auch gestalten. Es ruft einen Erkenntnis- und Gestaltungswillen hervor. In Dir.

Wenn sich Bewusstsein in all seinen Aspekten erlebt und nicht mehr von seinen „spirituellen" Anschauungsformen überlagert wird, erkennt es sich als kreativ, und Kreativität ist eine Form der Interaktion. Kreativität impliziert den Willen, zu gestalten.

Durch Kreativität wirkt Bewusstsein auf sich selbst ein. Das führt zu einer nicht für möglich gehaltenen Erkenntnis: Ich kann es anders sehen. Ich kann es anders denken. Ich kann es anders erleben. Kurz: Ich kann das Weltereignis anders interpretieren. Und genau darin besteht Kreativität! Ich erschaffe eine Welt. Statt sie immer wieder nur zu erleiden.

Alles passiert von allein? — Ist das wirklich so?!
Ich kann nichts tun! —Wie fühlt sich das an?
Erwachen ist Gnade? — Wer glaubt das (immer noch)?!

Glaubst Du *wirklich,* dass Du nichts tun kannst? Dann glaube es total. Überlasse Dich. Liefere Dich vollkommen an das Leben aus, in dessen Hand Du Dich ohnehin von Anfang an befunden hast! Wenn Du das tust, gibt es niemanden mehr, der auf die Idee kommen könnte, eigenen Impulsen und Ideen zu folgen. Schau einfach, ob Du das wirklich so empfindest oder ob es in Dir lediglich dazu geführt hat, dass Du Dein Leben nicht mehr unmittelbar spüren kannst. Dann betrügst Du Dich um Dich selbst. Für eine Idee über Dich!

Kreativität bedeutet: Ich fühle mich nicht mehr gezwungen, alles immer wieder auf dieselbe Weise zu begreifen. Und weil ich mich nicht mehr daran gebunden fühle, kann ich auf neue Weise zu mir kommen. Dieses Neu-zu-mir-kommen drückt sich durch mich und als ich aus! Als Flexibilität. Ich bin als Wandel, aber ganz bestimmt nicht als Diktat!

Wenn Du in den ungefragt ablaufenden Gedankenmustern das Dich bestimmende Diktat erkennst, kannst Du nicht weitermachen wie bisher. Statt Dich gegen den Diktator aufzulehnen, statt ihn zu bekämpfen oder Dich ihm gemäß verhalten zu wollen, siehst Du einfach, was diese Gedanken in Dir auslösen. Bisher hast Du Dich immer wieder gezwungen gefühlt, sie als Deine Wirklichkeit zu bestätigen und wusstest Dir deshalb nicht anders zu helfen, als in Träume zu flüchten, die ebenfalls rein gedanklicher Natur sind.

Träume gestatten mir, so zu bleiben, wie ich bin. Sie verlangen nichts von mir – keine Einsicht, keine Aktivität, kein Engagement, keine Veränderung. Ich will einfach irgendetwas – und glaube mir, dass das stimmt. Diese Art des Wollens belässt mich in der Schwäche und ruft dabei immer neue Schwäche hervor! Schwäche in Form von kraftlosen Träumen. Schwäche in Form einer Gleichgültigkeit mir selbst und meiner Welt gegenüber. Diese Form passiven Wünschens führt immer wieder in dieselbe Gedankentrance. Dabei ist der Träumende davon überzeugt, dass er nichts tun kann! Deshalb träumt er ja. Und das ist der nicht durchdrungene Traum!

In dem Augenblick, in dem Du zweifelsfrei erkennst, dass es möglich ist, Deine Aufmerksamkeit zu richten, unterliegst Du nicht mehr dem unbewussten Gravitationsdiktat der in Dich gepflanzten Gedankenwelt. Damit erwachst Du aus der Passivität (Dir selbst gegenüber!) und findest in eine ganz andere Erfahrungswelt. In eine Welt, in der Du immer wieder aufs Neue zu Dir kommst. Es ist die Welt, wie sie sich im Bewusstsein vollzieht: Gerade jetzt, in seinem Licht! Du entdeckst, dass Du in dieser Welt anwesend bist. Du entdeckst die Welt, in der Du anwesend bist. Und diese Welt ist ein Feld reiner Wahrnehmung *und* Interaktion!

Erkennst Du, dass sich in Dir ein Selbsterleben verselbstständigt hat, auf das Du bewusst so gut wie keinen Zugriff hast? Dabei zwingt Dich alles, was sich unbewusst auf Dich auswirkt, immer wieder in eine Erlebenswirklichkeit, die Dir nicht entspricht. Das ist der Schmerz!

Der Schmerz ruft nach Dir. Er verlangt nach Aufmerksamkeit. Schau hin! Schau endlich wirklich hin! Erzähle Dir nicht mehr, wie es ist, worum es geht, was das Leben ist und was es sein soll, sondern schau einfach hin. Erzähle Dir nicht länger, warum Dein Leben so und nicht anders ist, warum es nicht funktioniert und wer daran Schuld hat. Hör auf, Dich selbst ohnmächtig zu sprechen und Dir selbst machtlos gegenüberzutreten. Denn das bist Du nicht!

Glaubst Du wirklich, dass Du an Dein Erleben ausgeliefert bist? Glaubst Du, dass es dazu keine Alternative gibt? Dann bleibt Dir gar nichts anderes übrig, als Dich immer wieder in andere Welten zu träumen, weil Deine immer dieselbe bleibt. Und eben darin besteht das Kennzeichen der fremdgestalteten Wirklichkeit, die Du als Deine angenommen hast. Diese fremdgestaltete Lebenswirklichkeit bildet das Gravitationsfeld, um das Du dann hilf- und willenlos kreist. Die Entdeckung dieser Tatsache verlangt nach Dir. Sie ruft Dich aus der Trance hervor.

WIE ERKENNE ICH DEN WILLEN DES LEBENS?

Ich habe Bruce Lee nie verstanden. Ich habe Kampfsport nie verstanden. Ich fand es immer körperlich zu anstrengend für mich und verstand die Bewegungen auch nicht.

Dennoch faszinierte mich die Samurai-Kultur immer sehr. Mich sprach die Klarheit an, die aus allen Handlungen dieser Menschen sprach. Diese klare, eindeutige, kompromisslose Haltung, die Selbstlosigkeit wie Grausamkeit einschloss.

Sie sprach mich an und stieß mich gleichzeitig ab. Solange ich nicht verstand, worum es ging, störte mich genau das, was mich anzog: die Strenge. Das scheinbare Gefangensein in Regeln. Ich dachte, ich würde das mit meinem kaleidoskopartigen Wesen nie schaffen, mich für eine Sache zu entscheiden und alles andere, was mich ausmacht, außen vor zu lassen. Die Rigidität von Zen schlägt in die gleiche Kerbe.

Doch als ich verstand, worum es wirklich geht, bei den Samurai, dem Kampfsport, bei Zen, was der Ursprungsgedanke hinter dieser Formensammlung ist, hatte das alles plötzlich einen Sinn.

Es geht nicht um etwas Äußeres. Es geht nicht darum, Dich für einen Teil Deines Selbst zu entscheiden und dem widersprechende Teile von Dir auszuklammern. Es geht nicht darum, Dich einer äußeren Autorität zu unterstellen, es geht nicht darum, Dich zu opfern. Im Gegenteil.

Es ist so einfach, klar und so schwer zu sehen: Es geht einzig und allein um Dich. Um das, was Du wirklich bist unter dem

Schleier der Angst, des Zweifels, unter der Unterdrückung Deiner Wahrnehmung.

Die Strenge von Zen weist Dich einzig und allein darauf hin, Dich Dir selbst rückhaltlos zu unterwerfen. Diese Unterwerfung bringt Dich in Deine Form. Ziel ist es, nicht mehr aus dieser Form zu fallen. Das Regelwerk wird ebenso wenig von außen bestimmt. Du allein bestimmst durch das klare Sehen Deiner selbst, was Deine Regeln sind. Du bist der Herrscher und das Beherrschte, ohne, dass es einen Herrscher und etwas zu Beherrschendes gäbe.

Die Zuwendung zu Dir, zu dem, was Du in Deiner Tiefe bist, zu dem, was immer schon da war, zu dem, was nie sein durfte wie es ist, zu dem, was Du als Dich selbst empfindest, bestimmt das Ausmaß Deiner inneren und äußeren Freiheit.

Diesem Erspüren Deiner tiefsten Mitte, jener vollkommenen Übereinstimmung mit Dir, die sich weit und verbunden anfühlt, weil sie alles trägt und nichts von dem ausklammert, was Dich ausmacht, dienen die Formen, die Übungen, die „Katas" des Karate.

Du nimmst Dich selbst so fest ins Visier, dass nichts mehr dazwischen passt. Du verschwindest in Dir und stehst somit in Deiner vollsten Kraft. Du lässt Dich von dem führen, was Du wirklich bist. Ohne Dein ängstliches Beben, das Zittern, den Zweifel, ob auch wirklich Du gemeint sein kannst. Du sammelst Dich, richtest Dich allein auf Dich aus und handelst aus dieser klaren, eindeutigen Haltung heraus.

Hier treffen Geist und Körper zusammen und werden zum vollendeten Diener Deiner Selbst. Es ist nichts Fremdes, dem Du dienst, es ist Dein innerstes Wesen, dem Du Dich zu Füßen wirfst. Je weniger Raum für Zweifel in Dir existiert, umso höher ist die Meisterschaft.

Wenn Du Dich wirklich mit aller Macht für Dich entscheidest und nicht für etwas scheinbar Erreichbares außerhalb von Dir, wird Dich diese Entscheidung direkt in diesen Raum führen, der ab sofort Dein Leben ausrichtet und aufspannt, wie der Bogenschütze den Bogen. Das Ziel bist Du.

Ein Leben in vollkommener Einheit mit Dir selbst, in hundertprozentiger Ausrichtung und Übereinstimmung mit Dir, lässt Dich nicht mehr schwanken. Alle Zweifel verschwinden, alles Falsche, das nicht mit Dir übereinstimmt, fällt von Dir ab.

Du bekommst eine mühelose Klarheit, Einfachheit und Sicherheit. Du gründest in Dir selbst.

Dieses Ziel ist der Weg. Es ist der Weg zu Dir, zu dem, was das Leben von Dir will, zu dem, was das Leben ist. Zu dem, wer Du bist.

Lerne auf diesem Drahtseil zu gehen, Deinen Körper als Kompass zu vernehmen, Deinen Geist wach zu halten für Dich!

Sei immer im genauen Erspüren dessen, was wirklich mit Dir zu tun hat und was Dich von Dir wegführt!

Auf diese Weise zu sein, in dieser kompromisslosen Haltung zu Dir selbst stehend, kannst Du das Leben tatsächlich vernehmen und so auf dem Seil tanzen, als hättest Du Boden unter Deinen Füßen. Je geöffneter Du für Dich selbst bist, umso klarer sind die Ansagen, die sich in Dich hinein sprechen und aus Dir heraus sprechen.

Dieser Balanceakt, der in kühnster Konzentration eine einzige Bewegung bildet, bist Du selbst. Er ist das, was alle Religionen und Weisheitslehren in letzter Konsequenz besingen:

Das höchste All-Ein.

Dann erkennst Du, dass das, was Du bist, von Dir ausgeht und in die unerschlossene, offene Weite führt.

Damit Du wirklich „ich" sagen kannst, wenn Du „ich" sagst!

Das Leben ist eine Offenbarung – wenn Du es annimmst, zu Dir machst, zu ihm wirst und wagst, die Bedeutung dieses Erlebens als Deine Gegenwart zu verwirklichen! Gerade jetzt kommt es zu sich, als dieses Gefühl, als dieser Gedanke, als dieser Mensch, als dieses Objekt, als diese Erscheinung.

Dieses unendlich umfangreiche Erleben verdichtet sich immer wieder – zur Dir als Deiner Welt. Zu der Welt, die Du erlebst. Zu der Welt, durch die sich Dein Körper bewegt. Und in Deinem Körper bewegen sich Gedanken und Gefühle: Deine Meinungen, Ansichten, Wünsche, Hoffnungen und Ängste. Schmerz und Freude. Zorn und Ekstase.

Du reagierst auf Dich. Mit Enttäuschung, mit Stolz, mit Freude, mit Vehemenz. Du reagierst darauf, wie sich Dir Deine Welt zeigt. Du reagierst auf etwas, das zutiefst mit Dir verwoben und in Wirklichkeit nicht von Dir zu trennen ist. Auch wenn Du es letzten Endes nicht bist. Darum trenne Dich nicht! Verwirkliche, dass Du Dich in diesem Augenblick genau so erlebst, wie Du es tust! Wende Dich nicht mehr ab. Sieh hin. Sei bereit, Dich selbst zu erleben.

Die Gegenwart ist als sich selbst generierende Wirklichkeit. Du bist ein Hinweis auf diese Wirklichkeit. Du erlebst sie auf *Deine Weise*. – Wie ist Deine Wirklichkeit? Nimmst Du gerade wahr, wie etwas nicht sein sollte, wie Du nicht sein solltest? Erlebst Du, wie es sich in Dir zusammenzieht? Wie es sich selbst ins Abseits denkt, hofft oder glaubt? Wie es nicht bereit ist, diese Erfahrung einfach durchzulassen? Dann wirst Du Dir irgendwann zu viel. Weil das alles viel zu viel ist! Deshalb kannst Du

Dich und Deine Welt nicht mehr gut ertragen. Und so liegt die fatale Idee nahe, Dich loswerden zu wollen. Dich endlich loswerden, Dich und Deine Welt – und Ruhe finden! Endlich in Frieden sein! Das ist der Traum, der sich auf diese Weise nicht erfüllen kann.

Was ist das für ein Frieden, der sich nur einstellen kann, wenn es Dich nicht gibt? Friedhofsruhe. Eine Ruhe, die nichts von sich weiß. Eine Ruhe, die das Leben nicht kennt. Eine nicht verwirklichte, vollkommen bedeutungslose Ruhe! Was ist das für eine Befreiung, die nur eintreten kann, wenn Du nicht bist? Wenn Du Dich leugnest oder aus dem Raum erklärst? Ein Wachkoma! Wen kann eine solche Freiheit betreffen? Niemanden, sie betrifft niemanden, weil es sie nicht gibt. Außer als Vorstellung, als Vermeidung, als Hirngespinst!

Du willst Dich hinter Dir lassen? – Das ist absolut unmöglich! Und doch kannst Du als ein anderer zu Dir kommen. Wenn Du Dich in aller Unvollkommenheit angenommen hast und zum ersten Mal zweifelsfrei erkennst, dass Du in der Trance nicht zu Dir kommen kannst. Plötzlich wird Dir klar, dass Du Dich Dein Leben lang von Dir abgewendet hast, dass Du Dich seit Ewigkeiten leugnest oder Dir ausschließlich als sich selbst optimierende Verrenkung huldigst, als Darstellung. Selbstleugnung und Selbstoptimierung sind zwei Seiten derselben Münze. Auf beide Seiten ist dasselbe geprägt: Du bist es nicht wert!

Das Leben lässt Dich nicht vor der Zeit entkommen. Es stellt Dich immer wieder vor Dich hin, in den Raum, der Du selbst bist. Es zeigt Dir, was Du glaubst, was Du befürchtest, was Du erträumst, wovon Du erlöst werden möchtest, womit Du nichts zu tun haben und was Du vermeiden möchtest. Das Leben macht Dir schmerzlich oder freudvoll bewusst, wie es um Dich und Deine Welt steht, wie Du Dir und der Welt – wie

Du Dir als Deine Welt – begegnest. Es macht vollkommen deutlich, dass Dein Schmerz nicht zu heilen ist, solange Du Unvollkommenheit in den Raum hineinsiehst – in den Raum, der Du bist!

Du willst Dich in Wirklichkeit nicht übergehen, vermeiden oder verraten, sondern ganz zu Dir kommen, um zu entdecken, was dieses Leben bedeuten will! Die bedingungslose Selbstannahme eröffnet den Raum zu Dir in nicht programmierter Form, zu Dir als Mysterium und damit zu dem, was das Leben ist, wenn es sich sich selbst gemäß entfalten darf. Plötzlich entdeckst Du zweifelsfrei, dass Du eins mit dem Leben bist. Du hast einfach keinen Zweifel mehr und verwirklichst Dich ganz unmittelbar als Ausdruck des Lebens. Du bist ein kosmisches Geschöpf. Das sich vom Kosmos bewegen lässt. Was ist das für ein unglaublicher Tanz. So nah! So unmittelbar! Du und der Kosmos sind untrennbar ineinander verwoben.

Das Leben ist ein auf-Dich-zu. Es kommt als dieses Selbsterleben zu sich. Es ist die Feier, die bewusst gemacht und bewusst erfahren werden will. – Will! Alles, was sich diesem Willen verweigert, wird immer wieder Angst haben und sich klein und unbedeutend fühlen. Deshalb fantasieren wir völlig hilflos über den Sinn des Lebens. Aber wie sollte sich Sinn in einer dermaßen unsinnigen Betrachtung erleben lassen? Das ist einfach nicht möglich.

Wir können das Leben nicht wissen, aber erleben. Es generiert sich als Wirklichkeit. Außerhalb dieser Wirklichkeit gibt es nichts, was verwirklicht werden kann. Gedanke, Gefühl, Beobachter – diese Trinität erlebt sich selbst. Sie bewohnt Deinen Körper und sieht sich dabei zu. Der Beobachter sieht alles. Er schaut nicht nur aus Deinen Augen, er schaut auch in Dich hinein – und bekommt es mit der Angst zu tun! Was wird da nicht alles gedacht und gefühlt? Widersprüche über Widersprüche. Mutmaßungen. Zweifel. Selbstanklagen. Urteile. Das ist einfach nicht auszuhalten.

Halte es nicht mehr aus! Gestehe Dir ein, dass Du Dich ein Leben lang unterdrückt und vermieden hast. Um endlich richtig zu werden. Um endlich glücklich zu werden. Um endlich geliebt und angenommen zu werden. Aber wie sollte das möglich sein, wenn Du Dich selbst leugnest?

Geliebt werden heißt, gesehen und angenommen werden. Und, siehst Du Dich? Bist Du bereit, Dich einfach anzuschauen? Bist Du bereit, Deinen Schmerz zu erleben? Ist Dir bewusst, dass er Dich immer nur darauf hinweisen will, dass Du Dich auf eine Art betrachtest, die Dir nicht entspricht? Es geht um Dein Erkennen, das Dir niemand abnehmen kann.

Du bist bei weitem nicht so hilflos, wie Du *denkst*! Du denkst Dich immer wieder hilflos, weil Dir diese Art zu denken absolut vertraut ist. Und das, was Dir vertraut ist, bestimmt Deine Lebenswirklichkeit. Du bist Dir anerzogen worden, Du hast Dich Dir selbst angewöhnt und bist Dir zu Deiner einzigen Gewohnheit geworden. Diese Dir anerzogene Gewohnheit ist es, die sich erlösen will!

Niemand will ein Leben erleben, dass sich selbst fremd bleibt. Das ist eine Lüge. Deine Lebenslüge! Dieses Leben will nichts anderes, als zu Deinem Leben werden. Damit Du wirklich „ich" sagen kannst, wenn Du „ich" sagst! Ich, als Anwesenheit in diesem Körper, als Verkörperung, die als dieses Leben immer wieder zu sich kommt. Das ist heilig! Es gibt nichts, was heiliger sein könnte als ein Mensch, der sich vollkommen eingesehen und angenommen hat. Spürst Du das? Spüre es – in Dir!

WILLE UND SEIN

Das Einzige, das ich mit Sicherheit über mich sagen kann ist: Ich bin anwesend.

Dieser Anwesenheit wohnt ein Wille inne. Dieser Wille äußert sich durch die Form, die ich angenommen habe. Er äußert sich in dem Maße direkt, wie er ungehindert fließen darf.

Doch was stellt sich ihm in den Weg?

Ganz früh in der Kindheit wird dieser Wille kanalisiert, durch den Gedanken „Ich".

„Ich" macht diese Anwesenheit erst auffindbar. Fortan ist „Ich" Kanal für die Ausdifferenzierung des Wahrgenommenen. Wille in diesem Stadium ist Überlebenswille, der durch Beobachtung, Reflexion und Strategie zur Durchsetzung gelangt.

Ich überlebe. Bis ich erwachsen bin, sind die Beobachtung der Menschen um mich herum, die Reflexion meines Verhaltens und die Strategie, wie ich meinen Vorteil daraus ziehen kann, vollends ausgreift, ausdifferenziert und zur Vollendung gebracht. In solchem Ausmaß, dass dieses Triumvirat die Herrschaft über mich als Form übernommen hat. Der Wille ist schon lange kein Überlebenswille mehr allein. Auch er hat sich entwickelt und dringt in dem Maße durch mich in den Ausdruck, je weniger ich nach vorgefertigten Regeln lebe. Ausgestalteter Wille ist vollendete Ausdruckskraft.

Diese wird verhindert, solange ich die alten Strategien bediene, die sich nach anderen Menschen und deren Vorstellungen über ein gelungenes Leben richten. Erst Beobachtung und Reflexion der zur Entfaltung drängenden Ausdruckskraft führen zur Explosion in eine vollständige Lebenserfahrung.

Die Knospe platzt auf! Aus einer verschlossenen Festung eng verwebter Blätter, aus der Dunkelheit stumm brodelnder Reifung drängt ein Ausdruck heraus, eine Kraft, die mit aller Macht in die Sichtbarkeit strebt! Hier bin ich! Blüte, Duft, Verlockung! Einzigartiger Ausdruck meiner selbst! Ich verströme mich, ich verschenke mich vollständig an alles, was ist. Ich zelebriere rückhaltlos die Demonstration meiner Existenz als vollendete Gottesfeier …

Ja! Der Blüte will ich es gleichtun. Der Ausdruckswille in mir soll ungehindert fließen dürfen. Kein Halten, kein Infrage stellen, kein Zurückhalten aus falscher Scham. Ich folge dem Willen in mir, der durch mich drängt, wie heiße Lava dem berstenden Vulkan.

Und dann wieder sanft und leise, wie Tautropfen auf einem Grashalm. Alles spiegelnd, alles beinhaltend, in sich ganz.

Wann können wir diese Fülle sehen, wann können wir sie spüren, wann kommt sie uns endlich nah?

Wie lassen wir sie durch uns fließen? Was macht Dich zu einem Originalausdruck des Lebens?

Sieh Dich an. Spüre Dich. Trenne Dich nicht von Dir durch Deine schlechte Meinung über Dich. Lass Dich in Ruhe. Fühle das, was in Dir auftaucht, setze den Scheinwerfer darauf. Erkenne Deine Kostbarkeit … Erst dann kannst Du von Dir lassen. Erst nachdem Du für Dich selbst sichtbar geworden bist.

Dein Eigenwille zeigt sich als Lebenswille, als Drang nach Ausdruck – vor dem Hintergrund Deines stillen Seins.

Jetzt schweigen die Urteile, Idealvorstellungen, Meinungen, Verbesserungsphantasien in Dir. Kein Laut trennt Dich von der leisen Freude, der Traurigkeit, dem Schmerz, der Erkenntnis von Bedürftigkeit, Verlorenheit oder Wut und Angst. Du fühlst, was Du fühlst, niemand mischt sich ein.

Alles, was schmerzt, ist das Ungesehene. So lange es ungesehen bleibt. Von Dir. Ist es vollständig gesehen, löst es sich auf wie ein entwirrter Knoten und erlaubt dem freien Fluss in Dir seinen Lauf. Dann erst tauchst Du in die Tiefe Deiner Existenz, dann erst erkennst Du Deine Weite, Deine unsagbare Schönheit, Dein alles umfassendes Dasein. Vertraue dem Echten in Dir. Vertraue dem wahrhaftigen, ungeschönten, nicht vorgestellten, unzensierten, ungezügelten Ausdruck in Dir.

So kommen Wille und Sein durch Dich auf einzigartige Weise zu sich.

Selbstempfang

Das Auge, mit dem ich Gott ansehe, ist dasselbe, mit dem Gott mich ansieht.

Meister Eckhart

In dem Augenblick, in dem sich Bewusstsein in diesem Raum verwirklicht und als anwesend entdeckt, in dem Augenblick, in dem sich die Anwesenheit selbst vernimmt, vergegenwärtigen sich alle Eindrücke in Form von Empfindungen und Erfahrungen. Wenn Du die Augen öffnest, eröffnet sich dieser Raum. Augenblicklich. Sehen ereignet sich. Da ist niemand, der das tut. Es wird gesehen – von selbst. Durch sich öffnenden Augen kommt eine Welt zu sich. Die Frage ist, was das für eine Welt ist. In jedem Fall ist es eine, die sich innerlich erlebt. In mir.

Alles wird unmittelbar gesehen, gehört und gespürt – und erst danach kommt es zu einer „erdichteten" Bedeutung: Wie finde ich das? Wie fühlt sich das an? Was heißt das (für mich)? Wohin führt (mich) das? – Diese Fragen lassen ein eingebildetes Zentrum entstehen, das dem Wahrgenommenen gegenüberzustehen scheint. Diese Art zu empfinden führt dann zu Angst und Enge, wenn ich glaube, dass der mich umgebende Raum etwas anderes ist, als ich selbst. Anderenfalls werde ich zum Zeugen des Raumes, bezeuge mich selbst in immer größerem Umfang und erweitere dadurch meine Sicht bis ins Unendliche. Was für eine unendliche Selbstentdeckung das ist!

Ich bin hier. Ich atme. Ich vernehme. Ganz nah. Ganz unmittelbar. Der Raum, in dem ich mich befinde, der mich umgibt, bedroht mich nicht. Er ermöglicht mein Hiersein. Der Raum trägt mich. Durch ihn habe ich die Möglichkeit, mich selbst wahrzunehmen und auszudrücken. Ich bin Teil des Raumes, der sich zugleich in mir befindet! Wir sind untrennbar ineinander verwoben.

Der Raum, in dem ich mich befinde, begrenzt mich nicht. Er ist als reine Möglichkeit eine vollkommene Öffnung. Wenn ich nicht mehr sklavisch an mir hänge, eröffnet sich mir der „wahre" Raum, der mich immer wieder über mich selbst hinausführt und in Form neuer Möglichkeit zu mir kommen lässt, also so, wie ich mich noch nicht kenne. Damit verwirklicht sich das Leben immer umfassender.

Die Verwirklichung ist, dass ich ein Ausdruck des Lebens bin, der sich im Leben wiederfindet. Ich und das Leben sind untrennbar eins. Das Leben selbst wird darauf aufmerksam, dass es durch alle Formen fließt und transformiert sich zu bewusster Gegenwart – als Bewusstsein. Damit wird es möglich, die Erfahrung eines Lebens zu machen, zu der Du „Ich" sagst. Jede Erfahrungswelt wird von „diesem Ich" gemacht, dem sich selbst erlebenden Leben. Du bist als eine Ausdrucksform des Lebens selbst lebendig.

Du bist absolut willkommen, einfach weil Du bist. Du bist bereits hier! Alles, was Dich umgibt, kommt daher, wo Du herkommst. Alles ist ein kosmischer Ausdruck. Alles ist da, um zu sich zu kommen, um sich zu verwirklichen. Das kannst Du entdecken! Und damit verliert sich alle eingebildete Angst. Sie kann sich in der Unmittelbarkeit Deiner Gegenwart nicht mehr entwerfen. Jetzt kommt Dir das Leben so nah, dass Du es wirklich spürst: Als Farben, als Klänge, als Empfindungen und Gedanken. Als das, was sich selbst vernimmt. So schmeckt es gerade, so fühlt es sich, so erscheint es. Ein schwingendes Meer aus Eindrücken, das sich selbst durchdringt und dabei vernimmt! Genau auf diese Weise vollzieht sich Bewusstsein – als Selbstempfang.

Das Leben sucht keine Freiheit von sich selbst. Und doch kann es sich nur dann unmittelbar vernehmen, wenn es nicht fortwährend gedanklich überlagert wird. Wenn Freude und Schmerz einfach passieren dürfen – sie tun es sowieso! – dann verliert der Schmerz seinen Stachel, während die Freude Freude bleibt. Das ist das Erstaunliche! Freude schwingt immer leicht. Freude ist nie ein Problem. Freude ist sich selbst nie zu viel. Wenn sich Freude verwirklicht, verwirklicht sich auch, dass es Schmerz gibt. Und dieser Schmerz darf passieren, wenn er sich zeigt, wenn er auftaucht. Er darf dieses System passieren, wie der Wind die Blätter eines Baumes und muss sich nicht mehr zu Sichtweisen, Überzeugungen und Vermeidungsstrategien verdichten.

Wenn ich die gegenwärtige Erfahrung einfach passieren lasse, dann wird etwas sehr Erstaunliches verwirklicht: Das Leben ist *als* fortwährender Veränderungsprozess. Das ist es, was Leben ist: Bewegung, Veränderung. Ein sich selbst berührendes und durchdringendes Schwingungsmuster als Formenspiel.

Der Geist, der sich selbst nicht durchdringt und damit immer wieder seine Befürchtungen in den Raum projiziert, sieht alles, was in Wirklichkeit in Bewegung ist und passiert, wie etwas Statisches. Er schlussfolgert und lässt so gerinnen, was nicht gerinnen kann. Dich. Das ist der wahre Schmerz, der Dich vom Leben trennt.

DAS GEHEIMNIS IST DAS OFFENSICHTLICHE

Das Geheimnis der Wirklichkeit ist vollkommen offensichtlich. Das Geheimnis ist das Offensichtliche. Wenn das gesehen wird, gibt es keinen Grund mehr, sich zurückzuhalten. Dieses Sich-Zurückhalten ist der Schmerz, der uns vom Offensichtlichen trennt – und damit vom Geheimnis, das wir selbst sind.

Wir versuchen, uns als Getrennte zu erreichen bzw. wiederzugewinnen. Und dadurch wird die Trennung aufrechterhalten. Meine Wirklichkeit verhindert, dass das Offensichtliche in mich einbrechen und mich aufbrechen kann. Das ist nicht meine Schuld. Es hat überhaupt nichts mit Schuld zu tun!

Eine allgemeine spirituelle Idee verklärt das „Jetzt" zum eigentlichen Ort, zum einzigen Ort, an dem ich frei von mir bin: Ich möchte ganz hier sein, ich möchte im Jetzt ankommen, im Jetzt leben. Und dann geht es um dieses ominöse „Jetzt", darum, etwas zu erreichen, was ohnehin nicht verlassen werden kann. Genau dieser Widerspruch wird nicht gesehen – und damit kann er nicht erkannt und aufgehoben werden. Das „Jetzt" wird zur nicht durchschauten spirituellen Falle – die aber so wahr und wirklich klingt wie alles andere auch, was ich mir spirituell angeeignet habe!

Verwirklichung ist etwas vollkommen anderes: In ihr wird nicht mehr über Zustände und Wirklichkeiten fantasiert, in ihr hebt sich das Unwirkliche von allein auf. Du kannst nur verwirklichen, dass Du niemals nicht in der Gegenwart gelebt hast. Wenn Du das sehen kannst, wirst Du erkennen, dass es Dir um etwas ganz anderes geht als um Gegenwart. Du möchtest Dich als eine Gegenwart erleben, die mit sich selbst übereinstimmt, und das ist wunderschön.

Darum geht es: Das, was sich zu Deiner Lebenswirklichkeit verdichtet hat, sucht nach Befreiung von sich selbst. Es will sie erlösen, auflösen und auf neue Weise zu sich kommen. Erleichtert von allem, was Du als Vergangenheit mit Dir herumschleppst. Aus diesem Grund hast Du Dich auf die Suche nach der Wirklichkeit begeben. Um frei von Dir zu Dir zu kommen.

Etwas an Deinem Leben ist nicht wirklich. Das kannst Du deutlich spüren. Und Du kannst spüren, dass Du gegen das Unwirkliche in Dir keine Macht hast. Es bestimmt Dich. Es hat sich im Laufe der Zeit zu Dir verdichtet. Es hat sich als scheinbares Du herausgebildet. Du lebst als die Wirklichkeit, die Befreiung von ihrer Scheinbarkeit sucht. Das ist eine ziemlich große direkte Einsicht!

Solange Du nicht zweifelsfrei erkennst, dass Dir Worte wie „Jetzt" und „Wirklichkeit" weiterhin etwas vormachen – dass Du Dir durch diese Worte etwas vormachst! – wirst Du sie weiterhin *gegen Dich* in Stellung bringen. Und eben dadurch erzählt sich die Geschichte Deines Lebens weiter. Dadurch bestätigst Du das, was Du loswerden willst und bleibst ein hilflos Gefangener der eigenen Scheinbarkeit. Das ist der Teufelskreis, den es wirklich zu durchdringen gilt.

Die Suche nach dem „Jetzt" ist also in Wirklichkeit die Suche nach einer Wirklichkeit, in der Du zu Dir kommst, in der Du mit Dir übereinstimmst. Bisher lebst Du als mental Flüchtiger, der sich nicht durchschaut hat und deshalb von spirituellen Wahrheiten träumt, die es nicht gibt. Das ist eine wunderschöne, ganz direkte Verwirklichung. Du hast noch niemals nicht in der Gegenwart gelebt! Aber das, was sich Dir als Du präsentiert, scheint nicht annehmbar.

Diese Einsicht widerstrebt uns vollkommen, weil sie uns daran erinnert, dass wir hilflos an unser Erleben ausgeliefert sind. Aber ist das wirklich so? Oder gibt es jemanden in uns, der auf seinem Erleben – und damit auf seiner Vergangenheit besteht?!

Wir erscheinen und verglühen. Statt einzusehen, wie wunderschön das ist, haben wir uns darauf verlegt, Welten zu erdichten, die nicht haltbar sind. Du lebst als die Unhaltbarkeit Deiner eigenen Welterdichtung. Und in dieser Welt träumst Du vom ewigen Jetzt, von Wahrheit und Wirklichkeit. Damit hältst Du Dich fern von Deiner Lebenswirklichkeit!

Wenn Du Dir wirklich erlauben würdest, verloren zu sein, dann wärst Du nicht mehr verloren – sondern geheilt. Geheilt, weil Du Dir eingestehen und verwirklichen würdest, dass Du von Anfang an verloren bist! Dagegen kannst Du tun wollen, was Du willst. Es nützt nichts. Die Dir bekannte Medizin wirkt nicht! Sie hat versagt. Du bist ein an die Existenz Verlorener. Das Leben gibt sich an sich selbst hin. Das Leben demonstriert sich selbst, was Hingabe *ist*. Es gibt sich an sich selbst hin. Immer wieder. Von Anfang an. Was ist das für eine unbeschreiblich große Liebe!

DU BIST AUSDRUCK
EINER VOLLKOMMENEN UMARMUNG

Als Enge kannst Du Dich nicht erkennen. Gleiches gilt für mich. In der Enge vernimmt sich nur die Enge. Aber ich, ich bin die unendliche Weite, in der sich Enge wahrnehmen lässt – wie alles andere auch.

Um mich erkennen zu können, um für die Begegnung meines Lebens bereit zu sein, muss ich über alle meine Urteile über mich und die Welt hinausfinden, in die Soheit der Gegenwart, die mich mir in diesem Augenblick, in dieser Gestalt, mit diesen Gedanken und Gefühlen zeigt. So fühle ich mich. So denke ich. Das glaube ich. Dabei ist es vollkommen unwesentlich, ob es mich gibt. Es ist absolut unwesentlich, ob mir Gedanken passieren bzw. ob sie mich passieren oder ob ich sie selbst denke. Es ist absolut unerheblich, ob es ein Ich gibt, das selbst Substanz hat oder selbst etwas ist – als kosmische Entität.

Wenn Du zu gedanklicher Akrobatik neigst, zeigt das vor allen Dingen eins: Du nimmst Dich nicht ernst. Du siehst Dich nicht. Du übersiehst Dich und versuchst Dich im Übersehen aus dem Raum zu erklären. Und genau das wird Dir nicht gelingen, weil immer jemand übrigbleibt, der etwas will, was sich so nicht ereignet. Deshalb „keep quiet" – sei still! Besser noch: Sei nicht still, versuche nicht, still zu sein, sondern entdecke die Stille in Dir. Entdecke, dass die Stille in Dir kein Problem mit Dir hat. Im Gegenteil. Sie trägt Dein Gesicht. Sie ist in vollkommenem Frieden damit. Auch damit, wie Du Dich fühlst, was Du denkst und tust. Und wie ist das mit Dir?

Gibt es in Dir jemanden, der von Haus aus dazu neigt, an sich vorbei zu leben, weil er selbst leben möchte, als Jemand, als eigenes Ich, als eigene Person? Immer wenn Du es so siehst, glaubst oder empfindest, lebst Du als gedankliche Konstruktion. Und diese Konstruktion erlebt sich selbst. Sie weiß nichts von Dir, weil sie angstgeneriert und damit nicht weit genug ist, Dich als kosmischen Ausdruck zu verwirklichen.

Sieh, dass Angst in Dich eingezogen ist; Angst vor dem Scheitern, vor dem eigenen Versagen. Angst davor, nicht gut genug zu sein. Angst, nicht zu bekommen, was Du am nötigsten brauchst. Du hast Angst, an Deinen Träumen zu scheitern. Was vollkommen unmöglich ist! Und diese Angst beherrscht Dich, in der von Dir erlebten Version von Dir. Aus diesem Grund erlebst Du, was Du erlebst. Solange Du darauf bestehst, dass Du so bist, wie Du Dich kennst, kannst Du es nicht anders erleben.

Dabei muss alles passieren, was Du wirklich willst! Wenn Du Dich als das Gegebene annimmst, Dich als diesen Menschen mit diesem Gesicht, erkennst Du, dass Du in diesem Körper wohnst. Diese Einsicht bringt Dich mit allem was Du bist hierher, hierher in diesen Körper, in diese Situation, in dieses Leben. Und damit kommst Du ganz allmählich oder ziemlich plötzlich in der Wirklichkeit an, die gelebt werden kann und will! Damit wird das, was Du *wirklich* willst, zu Deiner Wirklichkeit. Das klingt geradezu unglaublich, und das ist es auch: Es ist nicht zu glauben, weil es nicht mehr geglaubt werden muss, sondern erfahren wird, als die Unmittelbarkeit, die Dein Leben ist.

Verwirklichung befindet sich nicht auf der Ebene des Glaubens. Verwirklichung ist keine mentale, sondern eine ganzheitliche, alles umfassende Realisation: Dieses Leben erlebt sich selbst. – Wenn ich mich nicht mehr zwanghaft bedenken und erklären muss. Dafür muss ich nicht wissen, wer ich bin. Im Gegenteil, meine Sucht, mich zu definieren, hält mich klein. Sie schneidet mich von mir in meinen unendlichen Möglichkeiten ab, weil sich diese Möglichkeiten selbst nicht vernehmen können, solange ich mich wie ein quasi-statisches Bewusstseinsfeld betrachte ...

Die Sucht, sich selbst und die Welt durch Definitionen fassbar und handhabbar zu machen, löst sich im Erkennen auf. Damit bin ich frei, als dieses Erleben zu mir zu kommen. Und plötzlich spüre ich mich. Ich bilde es mir nicht ein, ich stelle es mir nicht vor. Nein, ich werde von mir selbst ergriffen und lebe als dieses Ergriffensein.

Wenn ich mich wirklich spüre, verwirklicht sich ganz von selbst, was ich will. Was durch mich will. Was als ich will. Dabei muss „ganz von selbst" nicht passiv heißen, absolut nicht. „Ganz von selbst" verlangt Dir alles ab, zunächst einmal Dich in der von Dir geglaubten alten Version. „Ganz von selbst" bedeutet weiterhin, dass Du Dich nicht mehr beschreiben kannst. Du spürst einfach, wohin es Dich zieht und Du folgst allen klaren Impulsen – letzten Endes vollkommen bedenkenlos. Weil Du Dir nicht mehr nicht folgen kannst. Weil Du mit Dir übereinstimmst und damit keine andere Möglichkeit mehr hast, als Dir selbst zu folgen. Als dieser Schritt. In diesem Schritt. Ganz unmittelbar.

Jetzt gibt es nichts mehr zu wählen. Und genau das bedeutet Freiheit. Da ist niemand mehr, der sich von sich selbst abzuspalten versucht. Da ist niemand mehr, der sich selbst fremd bleibt. Da ist einfach niemand mehr, der sich oder andere spirituell übersteigert, um an etwas anderes oder einen anderen glauben zu können.

Damit wird aus einem angstvoll besetzten Gesicht ein kosmisches Gesicht. Ein Ausdruck der Freiheit. Ein Ausdruck, der sich die Haare kämmt oder gar keine Haare mehr hat. Ein kosmischer Ausdruck, der durch die Weiten seiner selbst tanzt. Als Du. Als ich. Als Ausdruck einer vollkommenen Umarmung.

Willkommen in der Wirklichkeit.

DIE QUELLE ALLER HANDLUNGEN

Mit geschlossenen Augen sitze ich in einem leeren Zimmer. Die Tür zum Garten ist geöffnet und ich spüre die kühle Luft, die mich sanft anweht. In mir ist es ruhig. Ich lasse die Gedanken ziehen und erfahre mich in meiner momentanen Anwesenheit. Ich fühle durch die Gedanken hindurch, ich koste die Lücke zwischen den Atemzügen und erlebe die Geräusche der Straße, der Natur vor dem Haus. Ich verschmelze mit Klängen, Gerüchen und Empfindungen.

Und dann wird mir eines klar: In meinem Leben geht es nicht darum etwas nachzuvollziehen, was zuvor schon einmal nachvollzogen wurde. Es geht zwar durchaus darum, Muster zu erkennen, die sich vor meinen Augen offenbaren, aber das Wichtigste ist, sie in mir zu fühlen, sie in mir entstehen und in einem neuen Kontext wieder hinaus zu lassen.

Indem ich die äußere Welt sehend und fühlend erfasse, entdecke ich die Qualitäten meiner Innenwelten. Folge ich meinen Innenwelten, traue ich mich, Pfade zu gehen, die noch nie zuvor von mir gesehen wurden und entdecke neue Länder und Wirkungsfelder, die mein äußeres Erleben gestalten.

Es ist ein heiliger Kreislauf, der meine roten und weißen Blutkörperchen zum Tanzen bringt. Für jemanden wie mich, die sich so sehr durch andere Menschen erfährt, gibt es nichts Schöneres als mit mir allein zu sein und das Leben in mir zu spüren. Es dann auszudrücken ist eines der erhebendsten Gefühle, die ich kenne.

Zu spüren, dass es in mir atmet, in mir pulsiert, dass es sich entdecken will durch mich. Ich fühle mich in alles und jeden hinein. Das ist meine tiefste Leidenschaft. Ich liebe es, zu fühlen! Es ist die Kraft der „In-spiration", des lebendig Eingehauchten, die mich aktiviert, die mich in Bewegung bringt und damit in die Kraft versetzt, meinen Ausdruck zu entdecken.

Inspiration ist es, die mich vom Sofa hochreißt und mich Dinge tun lässt, die Erfüllung in sich tragen, Erfüllung, die sich durch mich verwirklicht.

Nichts zündet mich so an wie inspirierte Menschen. Menschen, die Funken in sich schlagen, die tief berührt sind von dem, was sie tun, von dem, was sie bewegt, von dem, was sie lieben. Diese Menschen verändern die Welt, weil sie nicht hängen bleiben an sich selbst. Sie sehen ihr Leben nicht als Problemzone, die sie bewältigen müssen, die sie zu lösen haben, mit der sie irgendwie klarkommen müssen. Solche Menschen erkennen, dass sie nicht nur Gast in einem Leben sind, mit dem sie nicht wirklich etwas zu tun haben.

Sie erkennen, dass die Zeit eine Kostbarkeit ist, die sich vollständig erleben oder verschlafen lässt. Der Zeit ist das egal. Aber wie schön ist es, wenn es mir nicht mehr egal ist!

Dann kann ich mich selbst anzünden, dann entdecke ich meine Leidenschaften und folge ihnen und nicht mehr meinen Ängsten, die sich an anderen Menschen orientieren wollen und daran, wie sie es gemacht haben. Andere Menschen sind dazu da, mich zu inspirieren, mich zum Leben zu erwecken, mich erkennen zu lassen, dass ich lebendig bin, dass ich atme und hier und jetzt anwesend bin mit allem, was mir gegeben ist.

Wir können uns gegenseitig diese Lebendigkeit schenken, wenn wir erkennen, wie groß, schön, einzigartig und unfassbar das Leben durch jeden Einzelnen von uns fließt. Gelebte Inspiration hat die Kraft, jeden Zweifel zu verbrennen, sie hat die Kraft, Dich zu erheben und wirklich zu Dir kommen zu lassen.

Wenn Du sie in Dir zulässt, öffnet sich Dein Erlebensradius. Damit werden Dinge möglich, die zuvor nicht denkbar waren. Du öffnest Dich und tauchst als Anwesenheit tief in Dich als Innerlichkeit ein. Du kommst Dir wirklich nah. Du kommst zu Dir und verwirklichst Deine ganz eigene Lebensperspektive. Du fängst an, Deine Melodie zu vernehmen und hörst sie Dich selbst spielen.

Es geht nicht darum, zu glauben, was irgendwelche Lehrer als ihre Wahrheit verbreiten. Es geht nur darum, Dich vom Funken echter Lebendigkeit anzünden zu lassen und dadurch zu Fall zu bringen. Zum vollständigen Fall in den Ausdruck der Facetten des Lebens, die durch Dich in die Sichtbarkeit drängen.

Du bist ein Kunstwerk, wenn Du Dich lässt.

Echte Lebendigkeit weiß um den Wandel in allen Dingen. Sie weiß um das, was nie vergeht. In der Tiefe des Lebensstroms entdeckt sich die Leichtigkeit des Seins. Und die drückt sich durch Dich aus, wenn Du Dich ihr hingibst.

Seit Menschengedenken haben wir den Drang, uns zu erweitern und unseren Raum zu entdecken. Wir forschen, denken und erklären die Welt, seitdem wir zu Bewusstsein gelangt sind. Über Jahrtausende haben wir uns gegenseitig inspiriert, gemeinsam die Welt entdeckt und dadurch den sichtbaren und unsichtbaren Lebensraum unvorstellbar erweitert.

Wenn wir uns befreien können von den Limitierungen unserer begrenzenden Vorstellungen von uns selbst und dem Leben, wenn wir keine Autorität als gegeben ansehen, kann die große Inspiration in uns Einzug halten und uns offenbaren, wie viel umfassender das, was wir für unser Leben halten, wirklich sein kann.

Dann können uns Niederlagen nicht mehr zu Fall bringen, weil wir uns nicht mehr an ihnen festbeißen, sie nicht mehr persönlich nehmen und unser Leben davon nicht mehr abhängig machen. Sie dienen uns fortan als Wegweiser zu alternativen Möglichkeiten unserer selbst. Und damit sind sie eben keine Niederlagen mehr, sondern Erfahrungen, an denen wir wachsen! Im Schmerz lernen wir Empathie, Verbundenheit und Nähe … Indem wir jede Facette des Lebens in unserem Erleben zulassen, erfahren wir uns selbst als allumfassende Lebendigkeit. Und diese Lebendigkeit ist zutiefst inspiriert von sich selbst.

Darin verlöschen alle Fragen nach dem Zustandekommen Deiner Empfindungen. Dort empfindest Du direkt, unverstellt und drückst Dich aus: Wie etwa ein wundersam wandlungsfähiges Chamäleon oder ein weitschwingender Vogel, der am Himmel seine Bahnen zieht. Oder Deine Selbstentdeckung führt zu etwas, das noch niemals zuvor gesehen wurde, und Du inspirierst die Welt dadurch zu einer vollkommen neuen Möglichkeit der Erfahrung.

Lass Dich ergreifen von der Originalität der Welt um Dich herum, denn sie spiegelt Deine eigene wider. Fang an, Dich zu genießen, wenn Du Deine Anwesenheit in Stille wahrnimmst. Wenn Du Dich in ihr erkennen kannst, bist Du augenblicklich inspiriert. Dann zieht der Geist des Lebens in Dich ein, der sich als heller Funken der Leidenschaft in Dir niederschlägt. Folge dieser Quelle Deiner Handlungen und sieh, wohin sie Dich führt!

ICH KOMME IMMER WIEDER
BEI MIR SELBST AN

Ich komme immer wieder bei mir selbst an. Ob ich will oder nicht. Ich kann nirgendwo anders ankommen, weil alles Erleben dieser Welt in mir auf sich trifft und zu sich kommt. Darauf weist mich das Wort „mein" mehr als deutlich hin. Durch dieses Wort wird etwas zu meiner Sache. Du kannst meine Sache sein. Und wenn Du meine Sache bist, werde ich Probleme mit Dir haben. Weil Du nicht meine Sache bist, sondern Deine. Und ganz genau betrachtet bist auch Du nicht Deine Sache! Nicht nur, weil Du als ein sich selbst verwirklichender Prozess keine „Sache" bist, sondern auch, weil dieser Prozess zum Erliegen kommt, wenn er sich zu sehr verdichtet.

Durch den Spiegel lerne ich mich sehen. Ich lerne mich und die Welt als das kennen, was ich sehe. Was ich sehe wird von mir empfangen. Ich sehe einen Körper, „mich", aber nicht nur. Mir vermittelt sich vor allen Dingen, was ich über das Gesehene denke. Und genau das kann ich zunächst einmal nicht sehen – aber spüren. Es wirkt sich auf mich aus. Ich spüre, wie es sich anfühlt, was ich über mich denke. Und wenn es sich nicht gut anfühlt, versuche ich auf das Gesehene einzuwirken.

Statt zu erkennen, dass ich es auf unangemessene Weise anschaue, versuche ich es zu verändern, damit ich bessere Gefühle haben kann, wenn ich es ansehe. Deshalb möchte ich, dass Du Dich änderst. Ich möchte es, damit es mir besser geht! Und aus dem gleichen Grund möchte ich anders sein. – Um es besser mit mir aushalten zu können.

Die Spiegelung dient letzten Endes nur dazu, wirklich bei mir anzukommen. Wenn ich erkenne, dass die gesamte von mir erlebte Welt von mir ausgeht und zu mir zurückkommt, werde ich mir vollkommen offensichtlich und tue nicht mehr so, als ob ich außerhalb von mir etwas bewirken könnte. Ich erkenne, dass ich es nicht kann.

Das von mir Gesehene weist mich auf mich hin. Es kann mich nicht mehr verwirren. Ich bin es, der es so sieht. Ich bin es, der es so empfindet. Ich erkenne, dass ich nicht weiß, wie es wirklich ist. Ich weiß lediglich, wie es auf mich wirkt. Ich erkenne, was ich will, was ich empfinde, wie ich etwas sehe, und hole es ganz zu mir zurück.

Das heißt: Das, was ich sehe, darf so sein, wie es ist. Ich kann es ohnehin nicht sehen. Ich weiß nur, wie es sich auf mich auswirkt. Ich integriere, was sich mir zeigt und tue nicht mehr so, als ob es da drüben wäre, wo anders, nicht bei mir. Und weiter. Es ist *meine* Welt. Meine Welt gibt es genau ein einziges Mal. Zeit, sie zu entdecken, statt sie einfach immer nur wieder als das Nichtgewollte von mir zu weisen.

Wenn Du Dich nicht mehr kontrollierst, kommen die echten Impulse zum Vorschein. Und das dürfen sie. Ausdrücklich. Jetzt erlaubst Du Dir, was Du fühlst und erkennst, dass es mit Dir zu tun hat. Damit endet der Wahnsinn der Abspaltung. Du erlaubst, was sich in Dir bewegt und hast keine Angst mehr vor den „dunklen Energien" in Dir. Sie sind da! Sie waren es die ganze Zeit über. Um sie nicht verwirklichen zu müssen, hast Du an Dir und der Welt rumgemäkelt. Es gibt so vieles, was unserer Meinung nach nicht stimmt. Dabei ist es so einfach:

Niemand hat die Aufgabe, Dich zufrieden zu stellen. Dafür ist Dein Gegenüber nicht zuständig. Es liegt nicht in seinem Verantwortungsbereich, Dich glücklich zu machen. Noch sehr viel einfacher und genauer betrachtet wird vollkommen klar, dass Du mit einem anderen Menschen nur tauschen kannst, was sich zwischen Dir und dem anderen austauschen und erleben lässt. Das ist absolut Augen öffnend! Und enttäuschend! Keine Mutmaßungen mehr, sondern die Wirklichkeit des nicht überlagerten Erlebens.

Dieses nicht überlagerte Erleben ist so wunderbar, weil es absolut echt und ehrlich ist. So fühlt es sich zwischen uns (an). Aber jetzt folgt keine Definition. Wie es sich fühlt, erlebt und demonstriert sich selbst als das, was gerade zwischen uns passiert. Das ist alles.

Jetzt wird nicht mehr so getan „als ob", es wird nicht mehr zwanghaft inszeniert und interveniert. Dadurch wird unendlich viel Kraft frei. Kraft die jetzt für das direkte Erleben der Situation zur Verfügung steht. Reiner Überschuss. Was für ein Luxus!

Jetzt zeigt sich die Lebenswirklichkeit „zwischen uns" so, wie sie ist! Und dieses „zwischen uns" befindet sich auch in mir. Ich erlebe mich. Als Selbsterleben, dass in mir zu sich kommt, als Lebenswirklichkeit. *Ich erlebe mich.* Damit wird aus der Eins eine Zwei. Und genau das ist es, was ich jetzt erkenne. Ich habe es immer nur mit mir selbst zu tun! Ich erlebe dieses Leben. Ich verwirkliche es. Ich trete in mich ein, komme zu mir und verwirkliche die Bedeutung dieses Eintretens in mich selbst. Damit wird mein Leben zur unleugbaren Wirklichkeit, die sich selbst generiert.

SEIN UND NICHTSEIN

Hast Du einem Gedanken schon einmal dabei zugesehen, wie er entsteht? Vermutlich nicht. Denn das geht gar nicht. Er zeigt sich einfach. Als würde jemand plötzlich das Licht anknipsen. Dort, wo vorher kein Gedanke war. Was war vor dem Gedanken da? Und könnte es sein, dass dieses Etwas nicht nur vor dem Gedanken da ist, sondern immer?

Alles, was vor unseren Augen erscheint, braucht einen Raum, in dem es erscheint. Ein Gedanke braucht einen Raum, in dem er auftauchen kann. Dieser Raum ist in Dir. Du wiederum erscheinst ebenso im Raum. Im Grunde ist der Raum, in dem Du erscheinst, der gleiche, wie jener, der in Dir ist. So, wie sich der Raum in einem Haus nicht vom Raum um das Haus herum unterscheidet, obwohl durch die Mauern eben dieser Eindruck entsteht. Die Mauern „stehen" im Raum und trennen ihn damit „von sich selbst".

Aus dem Unsichtbaren tritt etwas in Erscheinung. Wie aus dem Nichts erscheinen Ideen in Form von Gedanken. Verdichten sich diese Gedanken durch Deine Aufmerksamkeit, bringen sie Dich in Bewegung und Du beginnst zu erschaffen. Vielleicht Dein Abendbrot. Ein Bild. Ein Lied. Ein Haus ...

Welche Magie macht es möglich, das Unsichtbare so zu verdichten, zu kneten und zu formen, dass daraus eine Idee entsteht? Eine Idee, die durch ihre erhöhte Dichte plötzlich ins Manifeste drängt? Es ist die Magie des Lebens. Der Wille des Lebens, sich auszudrücken, zu schöpfen, sich zu erforschen, zu entdecken, zu erleben, sich zu feiern, zu genießen, zu lieben ...

Du bist Ausdruck dieses Lebenswillens, eine verwirklichte Idee, die in die Sichtbarkeit gelangte. Der Urknall Deiner Zeugung formte Deinen Raum und alles, was er beinhaltet. Wir alle sind aus einem gigantischen Feld der Möglichkeiten hervorgegangen. Als Geschöpfe einer Intelligenz, deren unerschöpfliche Gestaltungskraft mit jedem ihrer Kunstwerke anwächst. Denn jedes ihrer Kunstwerke folgt einer eigenen, unvorhersehbaren Entwicklung.

Der Eisbär entstand durch eine zufällige Mutation in den Genen eines Braunbären. Dadurch wurde der Braunbär immer stärker von den Eisgebieten zurückgedrängt und zog sich in Berge und Wälder zurück. Der Eisbär eroberte die Polargebiete, weil sein weißes Fell ihm erlaubte, besser Beute zu machen als sein braunfelliger Vorgänger. Wer bestimmte diese Mutation? Den Zeitpunkt? Dass sie überhaupt passierte? Was steht hinter dem Zufall?

Wir entwickeln uns innerhalb einer Ordnung, die uns zwar innewohnt, die aber für den Verstand allein nicht fassbar ist. Sie wirkt als eingeborene Lebenskraft durch uns und ist dennoch abhängig von unseren individuellen Gegebenheiten. Wo ist da ein Anfang auszumachen? Wo beginnt die Trennung?

Uns wurde ein Glaube an die Beständigkeit der Welt eingezeichnet, der uns übersehen lässt, wie beweglich diese Welt ist. Sie ist umso beweglicher, je tiefer wir in sie hineinblicken. Je kleiner die „Teilchen" werden, aus denen sich Materie „zusammensetzt", umso schneller, beweglicher und unbeständiger ist ihre Natur. Auf der kleinsten denkbaren Ebene, tauchen Materieteilchen aus dem scheinbaren Nichts auf. Sie erscheinen und verschwinden in einer so extremen Geschwindigkeit, dass sie für unsere träge Wahrnehmung den Anschein eines kontinuierlich auftretenden Erfahrungsstromes erwecken. Als

Stuhl, als Tisch, als Ich, als Du. Auf dieser Ebene der elementarsten „Bausteine" besteht die Welt aus dem Prinzip von Null und Eins...

Verlangsamen wir die Geschwindigkeit auf ein von uns Menschen beobachtbares Niveau, so ist die Information, die Dich beschreibt, entweder anwesend oder abwesend.

Sichtbare Materie „entsteht" aus unsichtbarer Antimaterie, hat eine gewisse Lebensdauer und verschwindet wieder. Ihre Lebenszeit führt sie als Leihgabe aus dem unsichtbaren Raum mit sich. Da dieser Prozess aber so schnell abläuft, dass unsere Sinne diesen Ablauf als kontinuierlich erfassen, erscheint es Dir, als wären die Welt und Du dauerhaft anwesend.

Diese stark vereinfachte Beschreibung entspricht dem aktuellen Stand der Wissenschaft. Allein die Vorstellung, an der ursprünglichen Basis substanzlos zu sein, löst in den meisten Menschen Angst aus. Was sollen wir von einer Welt halten, die einerseits existiert und andererseits nicht existiert?

Sein oder Nichtsein gehören zusammen. Die Lebenswirklichkeit zeigt uns, dass weder das Beharren auf der Existenz in ihrer Reinheit Glück und Erfüllung verspricht, noch das Bestehen auf der Nichtexistenz und ihrer Leugnung der weltlichen Dinge. Verharren wir stur an der Oberfläche und halten uns am Konkreten und Sichtbaren fest, entgeht uns die Tiefe des Lebens, die erst sichtbar wird, wenn wir uns den allem zugrunde liegenden Innenwelten zuwenden. Verlieren wir uns im ungreifbaren Nichts der Tiefe, sind wir schlicht nicht überlebensfähig im praktischen Raum ...

Letztendlich können wir uns nur in die Schönheit dieser Komposition fallen lassen. Es gibt für mich nichts Wundervolleres, als die komplexe Einfachheit des „Ja und Nein", des „Für und

Wider", des „Ich und Du", die dem Leben zugrunde liegt. Wenn wir unsere Lebensgeschwindigkeit drosseln, wenn wir unseren lebhaften Verstand verlangsamen und einen wesenhaften Blick auf uns selbst wagen, wird sie sichtbar, die Illusion der Trennung. Dann heißt es nicht mehr Sein oder Nichtsein. Dann ist das Eine die Antwort auf das Andere. Dann entdeckt sich diese tiefe Anmut. Einfach so.

Und das, was darüber hinausführt, enthüllt sich uns als reine Poesie, die mit dem Verstand allein nicht fassbar ist.

Loslaufen kann jeder

Es sind immer die letzten Meter, die entscheiden.
Du bist auf den letzten Metern.
Dieses Verständnis führt zu Meisterschaft.

Es *ist* die Meisterschaft.
In der Du zu Dir kommst.
In diesem Schritt.
Als dieser Schritt.

Dieser Schritt läuft in sich hinein.
Er führt zu Dir.
Und geht dabei immer wieder über Dich hinaus ...

Interessiere Dich.
Dieses Leben ist Deine einzige Möglichkeit.
Vollkommene Selbstannahme – und keine Strafe!

RESONANZ

Ein wunder Punkt, tief in mir.
Kosmisches Negativ einer
positiven Ladung.

Einander berührende Lichtfelder
in Gegensätzen verwoben.
Sie fallen durch alle Zeit.

Halten sich haltlos,
fühlen sich lautlos,
sehen sich bis auf den
unerreichbaren Grund.

Verschwinden ineinander.
Immer wieder neu.
Es geht nichts verloren.
Ich entdecke Dich, tief in mir.

Und darüber hinaus,
geht ein gemeinsamer Bogenstrich,
der das Universum
in ewiger Schwingung bewegt.

POESIE DER ATOME

Der Kosmos selbst ist der Tanz. Als Expansion. Ein unendliches in Erfahrung bringen. Ohne Sinn und Verstand. Poesie eben. Als Wagnis. Das Wagnis ist, sich wirklich einzulassen – koste es, was es wolle. Weil es Dich ohnehin alles kosten wird. Dein Leben. Das ist Poesie: Du bist schon tot. Also lebe. Du kannst Dich zu Tode schützen oder das Leben entdecken. Das steht Dir frei – wenn Du es erkennst.

Du kannst Dich bis ins Grab beschützen und das Leben einer lebendigen Leiche führen oder, bevor Du Leichnam bist, leben, wirklich leben. Das ist Poesie.

Es steht Dir frei. Und wenn ich sage, dass es Dir frei steht, protestiert der Verstand sofort und sagt: Nein, es steht mir nicht frei. – Und damit hat er recht. Ihm steht es nicht frei! Er muss sich selbst folgen, seinen Ansichten und Meinungen, seinen Konstruktionen und Schlussfolgerungen. Er ist es, der sich orientieren muss. Er ist es, der einen Überblick braucht. Er ist es, der sich vor dem Tanz des Lebens fürchtet und nach Ordnung ruft. Das kann ich einsehen, das kann ich entdecken. Und plötzlich vernimmt sich in mir ganz leise so etwas wie ein Anflug von Schönheit, von Nichtwissen, von Hingabe – von Poesie.

Poesie bedeutet, es kann so sein, aber es kann auch ganz anders sein. Die Regel, das Gesetz, sie sind erdacht. Sie sind aus Beobachtungen abgeleitet und doch ist das Leben selbst die einzige Autorität. Das Leben belehrt uns, auch wenn wir uns einbilden, das Leben belehren zu können. Das Leben zeigt sich einfach. Es bringt sich in Erfahrung. Und wenn ich mich dem Leben verweigere, dann fühlt es sich tot und unlebendig an.

An diesem Punkt kann ich etwas sehr Elementares entdecken: Nicht in bin es, der sich dem Leben verweigert, sondern etwas in mir lässt das Leben nicht zu. Ich bin eins mit dem Leben und doch kann ich mich vom Leben abgeschnitten fühlen. Deshalb der Schmerz. Das ist der Schmerz! Weil ich in Wirklichkeit eins mit dem Leben und damit selbst lebendig bin.

Wenn ich mich selbst nicht mehr spüre und das Leben nicht mehr unmittelbar vernehme, stirbt alle Poesie in mir ab und wird zur Angst vor dem Leben. Jetzt erscheint mir meine Existenz problemhaft und ich mir selbst wie eine riesige Baustelle. So sieht es der Verstand. Und er meint den Überblick zu haben. Weil er nicht wirklich versteht, dass er selbst nur ein Mittel des Lebens ist. Der Verstand ist dem Leben eingeboren und nicht dazu da und auch nicht dazu gedacht, das Leben zu dominieren. Er hat eine biologische Grundlage und ist ein integraler Bestandteil des Lebens. Wenn er sich als ein solcher versteht, wirkt er sich unglaublich hilfreich und konstruktiv auf das Leben aus – und wird zu Intelligenz.

INTELLIGENZ WEITET DEN RAUM, REAKTIONEN VERENGEN IHN

Intelligenz kann sich nur da zeigen und nur da entstehen, wo sich niemand bedroht fühlt. Krieg ist das Gegenteil von Intelligenz. Er demonstriert, wozu der Verstand in der Lage ist, wenn er sich nicht durchschaut und das nicht Durchschaute als das Feindliche in den Raum projiziert – um es dann dort zu bekämpfen. Das ist die Krankheit des Verstandes, an der die Welt leidet: Uneinsichtigkeit.

Sobald ich mich bedroht fühle, werde ich unintelligent, sehe ich unintelligent und handele dementsprechend. Dann sehe ich das Böse außerhalb von mir, den Feind. Angst in den Raum zu sehen ist äußerst schmerzhaft und unintelligent. Immer wieder wird Angst in den Raum gesehen. Und diese Angst generiert sich in einem Verstand, der noch nicht eingesehen hat, dass er das Leben gar nicht dominieren, sondern staunend verwirklichen will.

Aber es ist nun einmal so: Ich kann nur hören, wenn es in mir selbst still ist. Ich kann nur sehen, wenn ich das Gesehene nicht bereits zu kennen glaube. Eine Erfahrung wird nur dann zu einer wirklichen Erfahrung, wenn sie sich in mir verströmen darf, wenn der Raum, der ich bin, offen ist. Sonst erfahre ich lediglich meine Reaktionen auf das Welt- und Selbstgeschehen. Reaktion. Reaktion. Reaktion.

Reaktionen machen mich eng. Reaktionen sind die Abwehrmechanismen des Verstandes gegen das Leben. Durch standardisierte Reaktionen hofft er sich retten zu können. Und wenn Du es ein bisschen genauer untersuchst, erkennst Du, dass der Verstand sogar den Körper als Feind betrachtet. Einfach, weil er sterben wird. Der Verstand aber möchte unsterblich sein. Er fürchtet seinen Untergang und möchte unabhängig vom Leben sein. Er will sich retten. Er will einfach nur überleben, als dieses Programm, als dieses Informationsfeld, als diese Uneinsichtigkeit, als dieser Virus. Seine akkumulierten Eindrücke wollen sich unbedingt weitergeben. Als Wahrheit, die auf sich selbst besteht. Die Welt ist falsch, ich sehe richtig. So denkt ein Verstand, der sich selbst nicht durchdrungen hat. Insofern ist ein solcher Verstand des wirklichen Denkens gar nicht fähig.

Eine solche Sicht auf Dich und die Welt ruft immer neues Leid hervor, zwangsläufig. Das zu erkennen, bedeutet Intelligenz. Im Licht der Intelligenz entdeckt der Verstand, dass er selbst intelligent ist. Im Licht der Intelligenz verwirklicht er sich als Geist. Er sieht sich ein und befreit sich damit von seinen Limitierungen. Er erkennt in seinen Limitierungen zum ersten Mal das kleinstmögliche Programm, das in ihm abläuft. Als reines Überlebensprogramm. Als ein solcher Mechanismus ist er nicht in der Lage, sich das Leben zu erschließen. Das kann er erst, wenn er das Schweigen für sich entdeckt hat.

Die Gedankenkonstruktionen, die sich durch mich bewegen, drängt es, sich ständig wieder auszudrücken und zu wiederholen, damit ich mich weiterhin so fühlen kann, wie ich es tue – bedroht. Aufgrund dieses Empfindens nehme ich diese Gedankenkonstruktionen immer wieder ab. Ich fühle mich unterschwellig ständig bedroht! So sieht es für einen Verstand aus, der das Leben nicht verstehen kann. Weil das Leben nicht zu verstehen ist. Dazu ist es nicht da. Das ist die Poesie der Atome. Das ist der Tanz.

Das Leben ist viel mehr, als gedacht. Es geht über alle gedanklichen Konstruktionen hinaus. Du bist in dem Augenblick frei, in dem Du ohne jeden Zweifel erkennst, dass der Verstand nicht ist, wer Du bist. Dann zeigt sich das Leben ganz unmittelbar. Und damit findet der Verstand an seinen Platz, in ein Innerhalb. Jetzt wird er kreativ und erkennt, dass er sich in Variationen spielen kann. Er findet einen intuitiven Zugang zu sich selbst. Plötzlich hält er nicht mehr an sich fest und kann die Poesie der Atome in sich entdecken. Damit wird aus dem eingebildeten Verstand sehender Geist! Er ist licht und zutiefst mit dem Leben verbunden.

Dieser Geist verwirklicht die Erde und geht dabei über alles hinaus. Er führt über den Boden hinaus, ohne das Irdene gering zu schätzen oder zu leugnen. So wie ein Baum, der nur deshalb hundert Meter in die Höhe wachsen kann, weil er tief im Boden verwurzelt ist.

Die Krone verneigt sich vor dem Boden!

Ich gebe mich hin.
Nichts anderes.
Ich werde mir selbst zu Poesie ...

DER ATEM DER LIEBE
IN FORM UND EWIGKEIT

Liebe kommt zu sich:
Im Spiegel meiner Augen.
Im Beben meiner Lippen.
Im Rauschen meines Blutes.

Sie tobt und feiert sich in meinen
Venen wie wilde Vögel, die durch
ferne Nachthimmel gen Süden jagen.

Liebe braucht Dich. Deinen Lebenshauch.
Das leise Lächeln und Deinen Blick
in meine inneren Gärten,
die nichts anderes sind als:
Der heilige Ursprung jener Quelle,
die uns und alles durchdringt
wie die Atmosphäre die Erde.

Es gibt keinen Ort der Abwesenheit.
Der Liebende ist Überbringer,
Anlass und Hüter jener unmöglichen Botschaft,
die auf den Kopf gestellt
in meinen Adern die Unendlichkeit verkündet.
Es gibt keinen Ort der Anwesenheit.

Ich sehe Dich und komme zu mir, jeden Tag;
und von mir wird gelassen, jede Nacht.
Liebe atmet mich hinein in meine Form
und hinaus in alle Ewigkeit.
Bis kein Unterschied mehr sichtbar ist.

Ich komme als Berührung zu mir

„Ich bin" erlebt sich als Berührung zwischen dem Absoluten und dem Relativen. Dabei zeigt sich das Absolute in Form des Relativen und nimmt sich in seinen unendlichen Aspekten vollständig an. Überall. Das ist das Gebet! In dieser Erkenntnis geht das Begrenzte im Unbegrenzten auf. Darin findet es über sich hinaus.

Ich bin die Brücke zwischen Absolutem und Relativem.

Bewusstsein, in dem ich mir in Form der Welt erscheine.

Im Bewusstsein trifft das Wahrnehmende auf das Wahrgenommene. Als ewiges Wahrnehmen, das nichts von der Idee weiß, als Subjekt getrennt vom Objekt zu sein. Reines Sehen. In dieser sich selbst erlebenden Gegenwart kommt niemand zu sich, der getrennt von dieser Gegenwart eine eigene Realität erlebt. Und wenn niemand zu sich kommt, bildet sich auch keine Realität. Damit bleiben Du und Deine Welt unentdeckt.

Das, was am einen Ende wie Materie aussieht – die Welt der Objekte – ist am anderen Ende Geist. Geist bedeutet Selbstempfang: Die Welt erscheint sich selbst und geht in dieser Erkenntnis auf. Damit ist Geist als Raum, der sich in Form seiner Aspekte in den Raum sieht und dabei verwirklicht. Wir sind Aspekte eines Geistes, der sich selbst entdeckt – und dieses Universum durchdringt.

Allein der erkennende Geist ist weit und transparent genug, sich nicht mehr in Form seiner Erscheinungen zu bekämpfen. Er verwirklicht, dass das, was ihm erscheint, zu ihm gehört. Alle Erscheinungen weisen auf ein und dieselbe Quelle hin.

Das Universum zeigt sich nicht in Form von Dingen und Eigenschaften, sondern als ein untrennbares, in sich selbst verwobenes grenzenloses Feld aus Farben, Gerüchen, Empfindungen und Ideen. Ich selbst bin eine solche Idee. Ein Ausdruck des Lebens, der sich selbst bezeugt. Als ein sich selbst berührendes Feld, dass durch diese Berührung zum Leben erwacht. Als sich selbst verwirklichendes Erleben. Als ich und als Du. Als ein sich selbst vernehmender Klang, als sich selbst schmeckender Geschmack, als sich selbst empfindendes Gefühl. Als unmittelbare Resonanz. Das Leben durchdringt sich schwingend selbst.

Alles, was lebendig ist, ist direkt angesprochen. Ich bin eine Antwort des Lebens, die sich selbst vernimmt, ein Widerhall des einen Lebens, das sich durch seine Verkörperungen in Erfahrung bringt. Ich bin als Leben sich selbst entfaltendes Potenzial, eine Möglichkeit, die sich ganz unvermittelt verwirklicht.

Potenzial, dem „der Boden" fehlt, ist, ohne von sich zu wissen. Dieser Boden ist das, was Bewusstsein *ist*. Im Bewusstsein entdeckt sich das Leben als Berührung, die sich selbst in Erfahrung bringt. Damit ist das Leben die wirklichste aller Wirklichkeiten.

Ich sehe mich selbst tanzen. Ich sehe mir beim Tanzen zu. Ich sehe mir beim Weinen zu. Und spüre es. So intim! Ich bezeuge, was sich in mir und als ich vernimmt. Diese Doppelung – ich spüre etwas als mich – will nach Hause kommen. Sie will zu einer unmittelbaren, vollkommen mit sich selbst übereinstimmenden Erfahrung werden. Und das ist sie schon! Das ist die Verwirklichung, die sich einstellt, wenn ich mich vollkommen einsehe, sprich, wenn ich nicht mehr gegen mich ankämpfe. Dann kommen alle Erfahrungen direkt zu sich: Als Tanz, als Schmerz, als Freude, als Nichtwissen oder als was auch immer.

Es zeigt sich. Es entfaltet sich – von selbst. Das ist das Wunder. Die Entfaltung als Evolution kann nicht aufgehalten, aber verzögert werden. Dann vernimmt sie sich als Leid. Ob Du Dich vom Leben zutiefst berührt und inspiriert fühlst, hängt ganz wesentlich davon ab, ob Du wirklich bereit bist, Dir in Form Deiner Möglichkeiten zu begegnen. Es hängt davon ab, ob Du Dich bereits zu kennen glaubst oder wirklich zu Dir kommen willst.

Erkennst Du, dass Du Dich bisher immer wieder nur in „Form von etwas" kennengelernt hast – in Form von Gedanken, Empfindungen und Meinungen? Sie haben zu der Weltanschauung geführt, die Dich und die Welt überlagert! Diese Form der Selbstwahrnehmung hindert Dich daran, als befreites Wesen zu Dir zu kommen, dass nicht mehr an sich hängen bleibt.

Die Trennung ist in Dir

Aus eins wird zwei, aus zwei wird eins – die ewige Bewegung des Lebens ...

Die Sehnsucht nach Einheit ist tief in uns angelegt. Der eine spürt sie deutlicher, der andere fast gar nicht. Und doch suchen wir alle nach Glück, denn Glück ist nichts anderes als das Fallen in einen Moment des Einsseins mit dem, was ist. Ein Moment der totalen Harmonie in uns selbst und im äußeren Raum.

Im Glücksempfinden selbst existiere ich nicht als die übliche Anwesenheit, die ich von mir kenne. Lachen ist ein ähnliches Gefühl, in dem ich nicht vorhanden bin. Da ist nur Lachen im Lachen. Da ist nur Glück, im Glück. Sobald sich ein Gedanke über die Situation hineinschmuggelt, falle ich aus dem Empfinden heraus. Dann ist es vorbei mit der Einheit in mir.

Ich trenne mich von mir selbst als Glücksempfinden, indem ich darüber nachdenke, was es bedeutet, jetzt glücklich zu sein. Ich höre auf zu lachen, weil ich darüber nachdenke, was mich zum Lachen gebracht hat ...

Wir sind bewusste Wesen, mit der wunderbaren Fähigkeit zur Reflexion. Wir können nachdenken, analysieren, kombinieren, vergleichen, Schlüsse ziehen! Wie wertvoll und wunderbar das ist! Deshalb können Flugzeuge fliegen, Autos fahren, deshalb haben wir Kaffeemaschinen und Computer, Internet und all die anderen technischen Annehmlichkeiten.

Wir haben auch Olivenbrot, Schafskäse und Schokolade! Wie herrlich!

In dem Augenblick, in dem wir inspiriert denken und nicht angstvoll mechanisch, zeigt sich die Welt als eine andere. Doch zumeist sind wir in mechanischen Gedankenkreisläufen gefangen, die uns unbemerkt einnehmen.

Die Gedanken, die unsere natürliche Kreativität so oft verhindern, laufen unbewusst ab. Unbemerkt von uns selbst öffnen wir die Tore für ihren vergifteten Inhalt, der nur dazu da ist uns klein zu halten und in den bekannten Bahnen weiter laufen zu lassen.

Automatismen sind es, die uns von uns selbst trennen. Programme, die uns Wertlosigkeit suggerieren und damit Abhängigkeiten und Unfähigkeit unterstellen. Wir glauben diese Programme und suchen ein Leben lang nach Befreiung davon, um endlich ein Leben zu führen, dass sich heil und ganz anfühlt ...

Das innere Selbstgespräch trennt mich maximal von mir selbst. Es bedenkt mich, es beurteilt mich, es macht mich mir selbst gegenüber zum Objekt. Es ist meiner so unwürdig und ich bemerke es noch nicht einmal. Und sollte ich es doch bemerken, stehe ich hilflos daneben und sehe, wie es sich spielt, wie sich die schlechte Meinung über mich in mir selbst verbreitet. Sie ist wie ein Virus, der sich eingenistet hat und sich von meiner Lebenskraft ernährt: Um selbst zu überleben. Dieser Virus drängt nach Außen, um alles um mich herum zu vergiften ...

Ich will zu mir kommen und orientiere mich dennoch ständig an den äußeren Erscheinungen. Ich betexte mich mit Verhaltensregeln, mit Optimierungsversuchen, mit Leistungszwängen. Ich ziehe an mir herum, kritisiere meine Art zu denken, zu fühlen, zu essen, zu handeln, zu sprechen und schnüre mir mit solchen Gedanken die Luft zum Atmen ab. Ich bin es einfach gewohnt so zu denken, so zu fühlen, so zu handeln. Weil ich innerlich so stark von mir selbst getrennt bin, sehe ich diese Trennung auch überall in den äußeren Raum hinein. All die Unordnung in mir spiegelt sich in meinen Begegnungen, Situationen und Gesprächen wieder.

Wir führen Kriege, weil wir uns selbst nicht ertragen.

Würde ich doch nur einmal schweigen! Die tobenden Geister in mir ins Leere laufen lassen, still werden und das, was ich fühle, wirklich erleben, statt nach seiner Bedeutung zu suchen, um es nicht wirklich empfinden zu müssen.

Eine Bühne will ich sein, auf der alle meine Schauspieler auftreten dürfen, ob ich sie nun gut finde oder nicht. Und zusehen will ich, um zu erfahren, welches Stück hier gegeben wird! Ich höre auf, zu glauben, dass ich das schon wüsste! Ich sehe ganz genau hin, ich bin absolut offen für ihr Spiel – und nun entlarven sie sich selbst durch ihre Unfähigkeit. Die schlechten verlassen die Bühne, weil sie sich in ihrer Falschheit selbst durchschauen. Ich glaube den falschen Gedanken über mich nicht mehr. Das ist gut! Das ist befreiend!

Ich bin offener Raum für alle Erscheinungen meiner Innenwelten und meiner Außenwelt. Ich lasse passieren, was mich passiert, ich bin hier und erlaube mir, selbst zu erleben, was das Leben in mich einpflanzt.

Ich schweige zu den Lästerstimmen, die versuchen, mich zu beherrschen, die wie eh und je an mir zerren und mich in einem Leben halten wollen, dass ich kenne, dass mir vertraut ist, dass mich in die Leere meiner Angst fallen lässt.

Sollen sie doch versuchen, mich einzuwickeln ... ich halte Stand, denn ich will mich vollkommen erleben! Ich will frei atmen, als das freie Wesen, als das ich auf diesem Planeten erschienen bin. Als einmaliges Ereignis in diesem Universum, das dieses Universum in sich selbst hervorbringt durch die tiefe Schau hinein in die einzige Welt, die ich wirklich empfinden kann: Mich selbst.

Ich lasse mich leben. Ich öffne die eiserne Hand, die den Schmetterling gefangen hält und lasse ihn fliegen, ohne zu wissen, ob er jemals zurückkehrt, ohne zu wissen wohin er fliegt. Ich lasse mich frei in mir selbst und lerne was es heißt, heil zu sein in mir.

Ich lasse mich atmen, fühlen, erleben, was es heißt, wirklich am Leben zu sein!

Dann kann es passieren, dass das Glück nicht nur als zufälliger Moment in meinem Leben auftaucht. Es kann passieren, dass es sich einnistet in mir, als frei spielendes Sein. Und von hieraus tanzt es hinein in meine Welt, die zu sich kommt, bis kein Unterschied mehr zu erkennen ist, zwischen mir und dem Leben an sich. Das ist das Ende aller Probleme mit mir selbst, das Ende der Trennung in mir und der Anfang des Einsseins mit meiner unermesslichen Lebendigkeit.

DIESES UNIVERSUM, DAS ICH BIN

Der Geist macht die Expedition des Lebens erst möglich. Er weiß, dass er auf Grundlage des Lebens operiert, ja, dass er selbst lebendig *ist*. Er ist dem Leben in einer Absolutheit zugewandt, die ihn ganz sein lässt. Heil und unversehrt. In diesem Geist lernst Du Dich und die Welt sehen. Darin kommst Du zu Dir. Als Wirklichkeit, die sich selbst nicht mehr leugnen kann und will.

Dieses Universum, das so aussieht als ob es *das* Universum wäre, dieses Universum ist in Dir! Es bildet sich in Dir ab. Als unendlicher Lebens- und Erfahrungsraum. Du bist der universale Beobachter dieser unglaublichen Einmaligkeit, die sich bis in alle Ewigkeit selbst bezeugt. Und wenn diese Ewigkeit je endet, dann bist Du frei von jedweder Einbildung und damit ohne Dich, also ohne Selbstempfinden und Spiegelbild.

Der Vorhang fällt. Das Universum zieht sich zurück. Es atmet sich wieder ein und verdunkelt sich. Was „bleibt", ist einzig. Ein Einziges, eine Einzigkeit, die nichts von sich weiß.

Das, was sich nicht in uns abbildet, ist für uns nicht existent. Darum – entdecke Dich. Komme in diesem Universum zu Dir. Verwirkliche Dich, solange Du bist, solange der Atem den Raum entfaltet. Bringe Dich als diesen Lebensstrom in Erfahrung. Es ist Dein Augenlicht, durch das sich dieses Universum selbst betrachtet.

Die direkte Schau des Geistes eröffnet Möglichkeiten, die dem angstvoll um sich selbst kreisenden „Verstand" allein deshalb nicht zugänglich sind, weil er Angst davor hat, überwältigt zu werden. Dabei demonstriert das Universum, dass es dem

Prinzip des Lebens entspricht, sich fortwährend selbst zu transformieren. Der Atem kehrt sich um! Er vergegenwärtigt sich als ein ewiges zu sich Nehmen und von sich Lassen. Der Pulsschlag des Lebens *ist* eine einzige Selbstüberwältigung. Nur so kann es bleiben, was es ist: Lebendig. Seiend. Hier. Als sich selbst feiernde Wirklichkeit, in der sich der Kosmos als rein energetische Ekstase selbst entdeckt!

BEWUSSTSEIN EMPFÄNGT UND VERWIRKLICHT SICH SELBST

Sein wird als Bewusstsein scheinbar zwei, eine sich selbst empfangende Sendung, ein sich selbst sendender Empfang. Es ist der Erfahrungsraum, in dem das Leben zu sich kommt. Als Mensch, als Tiger, als Sonnenstrahl, als Kaffeetasse.

Wenn Bewusstsein verwirklicht, dass es sich selbst empfängt, bin ich eben nicht mehr nur Mensch. Dann ist das Wesen hinter den Gitterstäben eben nicht mehr nur ein Tiger, den ich entrechtet in einen Käfig sperren kann, um ihn so zu betrachten, *als ob* ein wildes Tier vor mir stünde. Dann kann ich mich von der zur Schau gestellten trostlosen Wildheit nicht mehr unterhalten lassen, weil ich dann *sehe*, was ich sehe. Und damit wird vollkommen offensichtlich, dass ich mich selbst nicht als eine auf obszöne Weise entmächtige und geknechtete Wildheit genießen kann! Ich möchte nicht publikumswirksam zur Schau gestellt werden. Ich möchte nicht als dieser Tiger leben, weil ich jetzt klar empfange, wie ich als dieser Tiger lebe! Würdelos. Entrechtet. Meiner Wildheit beraubt.

Ich kann nicht mehr unachtsam an mir vorübergehen, wie ein Tourist, dem es genügt, sich die Zeit auf dermaßen stumpfsinnige Weise zu vertreiben. Nein, jetzt erkenne ich, dass es um mich geht. Immer nur um mich selbst! Liebe zieht in mich ein. Liebe!

Bewusstsein ist die dem Leben eingeborene Möglichkeit, sich selbst zu entdecken. Es führt zur Verwirklichung der vollkommenen Synchronizität des Universums mit sich selbst. Alle universalen Aspekte verlaufen von Anfang an synchron. Der eingesperrte Tiger hat nicht nur das Recht, sondern die Pflicht vor sich hinzuvegetieren. Er *kann* nicht anders, weil er sich nicht darstellen kann!

Jetzt erlebe ich den Schmerz und alles andere, was in mir zu sich kommt. Der Schmerz wird nicht mehr mitgenommen oder wegerklärt, sondern direkt erlebt. Und zwar dann, wenn er sich zeigt. Und nur, wenn er sich zeigt.

In der Unmittelbarkeit der Bewusstwerdung vollzieht sich Heilung. In diesem Licht verbrenne ich als unbewusster Konsument meines eigenen Lebens rückstandslos – und bekomme es mit mir selbst zu tun!

Ich darf sehen, ich darf erkennen.
Das ist die Selbstentdeckung!
Bewusstes Sein, das sich vollkommen verwirklicht ...
Kein Jenseits mehr und keine Hölle,
Halleluja!

IN RESONANZ MIT DANIEL HERBST

Es gibt Entdecker der äußeren Welt und es gibt Entdecker der inneren Welt. Kolumbus war ein Entdecker der sichtbaren Welt, oder Amundsen. Und ebenso gibt es die Weltentdecker des Inneren, unerschrockene Forscher, große Denker, Seher und Entdecker der inneren Zusammenhänge. Daniel Herbst ist einer von ihnen.

Schon immer haben mich großartige Geister fasziniert, Geister, die sich in Sphären wagen, die noch nie jemand zuvor erforscht hat und die gleichzeitig in der Lage sind zu beschreiben, was sich ihnen offenbart. Wenn wir die äußeren Augen schließen und die inneren Augen öffnen, begegnen wir einer Welt, die ebenso unermesslich in ihrem Ausmaß und ihrer Tiefe ist, wie die Welt der konkreten Formen. Allerdings nur, wenn wir ebenso unerschrocken und neugierig unserem Forscherdrang folgen wie die alten Weltentdecker.

Denn die Expeditionen ins Innere unseres Selbst sind nicht minder gefährlich als die Reisen in unerforschte Gebiete der Erde. Sie können unser Leben kosten.

Daniel Herbst hat nichts zu verlieren, denn er ist sich seiner selbst gewiss. Dieses Wissen um sich selbst erlaubt ihm immer tiefer in das Mysterium des Lebens zu vertrauen, weil zwischen ihm und dem Mysterium kein Unterschied besteht.

Er ist jemand, der sich vor sich selbst vollkommen zulassen kann, ohne dass, was in ihm auftaucht, in Frage zu stellen oder zu bedenken. Es demonstriert sich, und was sich ihm zeigt ist so, wie es ist. Der Strom des Lebens. Da wird nicht problematisiert, da wird nicht analysiert und im engen Korsett einer längst verflossenen Vergangenheit nach Ursachen geforscht. Hier wird empfunden. Mit Haut und Haar. Hier äußert sich das Leben auf die Weise, die den Namen Daniel Herbst trägt.

Und das zu 100%.

Dieses Zulassen, diese Hingabe an alles, was sich ausdrücken will durch ihn, was sich empfinden will durch ihn, was sich schlicht erleben will, durch ihn, diese Kompromisslosigkeit ist äußerst intensiv in ihrer Wirkung.

Durch meine Begegnung mit ihm traf ich auf mich selbst und erfahre seither die Bedeutung dessen, was es heißt, mich wirklich zu erleben. Wirklich ehrlich vor mir selbst zu werden und die durch mich fließenden Gefühle tatsächlich mitzubekommen, statt sie etwa durch erwünschtere, scheinbar bessere oder in meine Lebensstruktur passendere Gefühle ersetzen zu wollen.

Ich erfahre, was es heißt zu fühlen, was ich fühle. Ich dachte immer, ich wüsste das.

Es ist wirklich unglaublich, was man immer glaubt zu wissen und was geschieht, wenn sich dieses Wissen als rein theoretisch erweist. Ich bin immer wieder dankbar, wenn ich mich selbst korrigieren kann und schmecken darf, welche Qualität echte Erfahrung hat.

All meine Sehnsucht, all meine Traurigkeit, all meine Verlorenheit hatte ich von mir abgespalten, zugunsten eines souveränen Selbstbildes. Eines, das mir suggeriert hat, stark zu sein, unabhängig und gut dazustehen in der Welt.

Und nun kehrt das alles zurück.

Wie weich ich bin, wie hingegeben, wie annehmend, wie schön und wie leicht in dieser tiefen, weichen Schwermut. Wie einstimmig ich mich erlebe darin.

Mein Kartenhaus ist in sich zusammengekracht, als ich die Erde für den Himmel aufgeben wollte und glaubte, ich müsste mich für eines entscheiden, um alles richtig zu machen.

Große Stürme waren nötig, um nun klar zu sehen, wie beides in mir vereint zu etwas führt, das ich nicht kenne. Wie ich beides in mir selbst entdecke, ohne mich im Außen daran festhalten zu müssen.

Der Himmel darf wieder in mich einkehren und die Erde küssen. Jahrelang habe ich ihn verdrängt, all das Wundersame in mir, all das Sehnende, das Kreierende, das Poetische, den Gesang der Sterne in mir, den ich immer hörte, wenn ich wirklich allein war ...

Jetzt darf es in mir wieder entstehen und sich verbinden mit allem anderen, das ich bin, weil alles zum Erleben dazugehört und nichts davon falsch ist. Endlich darf ich das glauben.

Nein. Endlich darf ich es erfahren und deshalb die Gewissheit spüren, dass es so ist.

Ich brauche keine Rückbestätigung mehr, dass ich gut so bin, wie ich bin. Ich habe mich mir zugewandt. Und das fühlt sich ganz anders an, als erwartet. Viel unspektakulärer, viel leiser und zarter und schöner. Wie ein zarter Klang, der sich in einem Sonnenuntergang verhallend auflöst.

Ich habe mich freigeschwommen in einen unermesslichen Raum voller Wunder. Außerhalb der Problemzone erscheint das Leben als das, was es ist: ein unbegreifliches, herrliches Wunder von unfassbaren Ausmaßen. Mich in diesem Wunder als das Wunder selbst zu entdecken, ist die schönste Entdeckung meines Lebens. Und da ist die Gewissheit: Diese Selbstentdeckung hört niemals auf. Alles kommt in mir zu sich. Je weiter ich den Raum öffne, umso tiefer offenbart sich das lebendige Land meines Erlebens.

Daniel steht im Grunde für eine einfache Erkenntnis:

Das Tor zu Gott bist Du selbst. Du findest ihn nirgendwo anders als in Dir. Doch dieses „in Dir" musst Du erst einmal erforschen. Was das eigentlich heißen will.

Durch Daniel erfahre ich, was es bedeutet, auf mich selbst zu vertrauen. Auf diese inneren Welten, mit denen ich unbewusst schon immer in Resonanz war. Was es bedeutet, den Raum zu öffnen für das, was sich ohne mein Zutun zeigt.

Was es bedeutet, es vollständig zu erleben und plötzlich hindurch zu tauchen in ein Erleben, das mich vollkommen überwältigt. Ein Erleben, in dem sich die Fragen danach, was ich will oder nicht will, wer ich bin, was das alles soll, wo es hinführt ... einfach nicht stellen. Hier wird erlebt, was das Spektrum menschlichen Bewusstseins in der Lage ist speziell durch mich zu erleben.

Hier wird hindurchgelassen, was hindurch will. Hier geschieht Berührung, hier geschieht Begegnung, hier wird geatmet, geschmeckt, empfunden ... hier ist kein Unterschied zwischen mir und dem Mysterium des Lebens. Und bei aller Intensität ist es Leichtigkeit, die hindurchschimmert. Ich lasse mich ein auf mich selbst und bin in Resonanz mit dem Leben.

ALLES SPIELT EINE ROLLE!

Statt Dich vor der eigenen Zukunft zu fürchten oder von ihr zu träumen, zeigt sich die Zukunft als das, was durch Dich ins Leben will. Damit wird sie zu einem Teil Deiner Gegenwart. Jetzt bricht der Raum willkürlicher oder zwanghafter Vorstellungen von selbst auf – und in sich zusammen.

Du kannst Deine Zukunft sehen. Wenn Du sie als Deine erkennst! Wenn Du sie willst, statt sie immer wieder nur zu erhoffen oder zu befürchten. Deine Zukunft zeichnet sich klar am Horizont ab. Immer schon! Aber Du hast sie nicht bemerkt. Du hast Dich nicht bemerkt und etwas anderes wahrgenommen: Deine Ängste, Deine Befürchtungen, Deine Selbstgespräche. Immer wieder hast Du Dich nur in Form eines gedanklich-emotionalen Reaktionsmusters verwirklicht, das zu Deiner Wirklichkeit geworden ist, obwohl es vollkommen an der *lebendigen* Wirklichkeit vorbei geht! Deshalb fühlst Du Dich so, wie Du Dich fühlst!

Du hast all das wahrgenommen, was Dich von Deiner Zukunft fernhält. Als Stagnation. Anderenfalls wäre die Erlösung bereits heute Deine Gegenwart. Es kann also nicht darum gehen, Dir eine Zukunft auszumalen, die niemals kommen wird. Es geht einzig darum, wirklich bereit für sie zu sein. Mit allem, was Du bist.

Das, was Du bist, kannst Du nur sein, wenn Du keine Angst mehr vor Dir und Deinem Leben hast. Es ist immer wieder Angst, die Angst vor Dir, vor Dir *in aller Konsequenz*! Es ist die Angst davor, Dich zuzulassen. Die Angst vor Deiner *Kraft*. Vor der Möglichkeit, *wirklich* zu leben! Das glaubst Du nicht? Dann schau nach!

Nur das, was am Horizont erscheint, kann eine echte Bedeutung für Dein Leben gewinnen. Und diese Bedeutung liegt eben nicht in einer fernen, ungefähren Hoffnung. Sie lässt uns nicht ins weite und unüberschaubare Reich reiner Einbildungen entkommen. Denn dort lebst Du nur als kraftlose Imagination, als reiner Konjunktiv. Nein, die Bedeutung Deines Lebens kann sich nur immer wieder andeuten. Als Ahnung, die zur Gewissheit werden will. Und diese Gewissheit ruft nach Dir. Sie braucht Dich! Weil sie ohne Dich nicht zu sich kommen kann.

Alles spielt eine Rolle! – Wenn Du es erkennst.

Es gibt einen Punkt, an dem Du nicht mehr umkehren kannst, an dem Du nicht mehr so tun kannst, als ob Du nichts mit Dir zu tun hättest. An dem Du Dir nicht mehr vormachen kannst, dass Dein Leben rein willkürlich verläuft, dass Du mit den Geschehnissen, die Du als Dein Leben begreifst, nichts zu tun hättest oder hilflos an sie ausgeliefert wärest. Denn das bist Du nur, wenn Du nicht dabei bist, wenn Du Dich in Dir täuschst und Dich immer wieder wegträumst, wenn Du immer wieder nicht hinschaust, nicht unmittelbar wahrnimmst und immer noch auf ein Wunder hoffst. Niemand wird Dein Leben richten! Niemand wird sich für Dich ändern …

Wenn ich mir nicht mehr ausweiche, implodiert meine Welt. Plötzlich bin ich mit mir allein. Und aus diesem Alleinsein explodiert es in eine neue Welt. Meine zweite Geburt ist meine bewusste Geburt. Es ist die Geburt, durch die ich wirklich zu mir komme. Als die Welt, die ich bin.

Und wie aus dem Nichts wird klar: Je näher ich mir komme, umso weniger Zukunft brauche ich!

WWW.NOUMENON-VERLAG.DE

BÜCHER VON:

NISARGADATTA MAHARAJ

SIDDHARAMESHWAR MAHARAJ

RAMESH BALSEKAR

U. G. KRISHNAMURTI

JEAN KLEIN

KARL RENZ

ADYASHANTI

JEFF FOSTER

PAPAJI

JOAN TOLLIFSON

LEO HARTONG

DATTATREYA

U. A.

NP: 12, 19, 22, 28, 34, 39, 45, 51, 57, 67, 74, 79, 83, 87, 91, 98, 108, 119, 129, 135, 143, 156, 163, 168, 174, 178, 185

DH: 9, 14, 20, 25, 31, 38, 43, 47, 54, 62, 71, 76, 82, 84, 89, 93, 96, 104, 114, 117, 122, 131, 139, 146, 149, 152, 160, 167, 169, 175, 182, 189